Augusto Comte

fundador da
física social

Lelita Oliveira Benoit

Augusto Comte
fundador da *física social*

2ª edição

≡III Moderna

© Lelita Oliveira Benoit 2006
1ª edição 2002

≡III Moderna

COORDENAÇÃO EDITORIAL DA 1ª EDIÇÃO: *Maria Lúcia de Arruda Aranha*
COORDENAÇÃO EDITORIAL DA 2ª EDIÇÃO: *Lisabeth Bansi e Ademir Garcia Telles*
PREPARAÇÃO DO TEXTO: *Valter A. Rodrigues*
REVISÃO: *José Carlos de Castro*
COORDENAÇÃO DE PRODUÇÃO GRÁFICA: *André Monteiro, Maria de Lourdes Rodrigues*
EDIÇÃO DE ARTE/PROJETO GRÁFICO E CAPA: *Ricardo Postacchini*
DIAGRAMAÇÃO: *Cristine Urbinatti*
SAÍDA DE FILMES: *Hélio P. de Souza Filho, Marcio Hideyuki Kamoto*
COORDENAÇÃO DO PCP: *Wilson Aparecido Troque*
IMPRESSÃO E ACABAMENTO: *Bartira Gráfica e Editora S/A*

Dados Internacionais de Catalogação na Publicação (CIP)
(Câmara Brasileira do Livro, SP, Brasil)

Benoit, Lelita Oliveira
  Augusto Comte : fundador da física social /
Lelita Oliveira de Rodriguez Benoit. — 2. ed. —
São Paulo : Moderna; 2006. — (Coleção logos)

  Bibliografia.

  1. Comte, Auguste, 1798 - 1857 – Crítica e
interpretação 2. Filosofia política 3. Positivismo
4. Sociologia I. Título. II. Série.

05-9377   CDD-301.01

Índices para catálogo sistemático:
1. Comtismo : Sociologia : Filosofia 301.01
2. Física Social : Sociologia : Filosofia
  301.01

Reprodução proibida. Art.184 do Código Penal e Lei 9.610 de 19 de fevereiro de 1998.

Todos os direitos reservados

EDITORA MODERNA LTDA.
Rua Padre Adelino, 758 - Belenzinho
São Paulo - SP - Brasil - CEP 03303-904
Vendas e Atendimento: Tel. (011) 6090-1500
Fax (011) 6090-1501
www.moderna.com.br
2006
Impresso no Brasil
1 3 5 7 9 10 8 6 4 2

SUMÁRIO

Introdução: A sociologia como física social, 07
A gênese política ignorada, 07; Entre a utopia socialista e a *física social*, 09; A *física social* como ideologia religiosa, 10

Parte I
DA UTOPIA SOCIAL À *FÍSICA SOCIAL*

1 *Do medo da revolução à mistificação do proletariado,* 14
Sob o medo da Revolução, 14; Primeiras meditações sociais, 14; Leituras que "levam ao erro", 16; Saint-Simon: o mestre recusado, 19; Golpe mortal nas utopias sociais, 20; A sociologia da Ordem, 21; Comte e seu contemporâneo Karl Marx, 23; Loucura e filosofia positiva, 24; Professor de operários, 25; História de amor positivista, 27; 1848: o filósofo da Ordem na Revolução, 28; Pão seco e misticismo, 29; Cronologia, 30

2 *A gênese da física social, 34*
No campo da crítica saint-simoniana, 34; Contradição ou conciliação entre as classes sociais?, 35; A economia política como paradigma único, 38; Sobre a história espiritual da humanidade, 41; Crítica positivista à imoralidade econômica, 43

3 *A fundação da física social ou sociologia, 46*
Contra a metafísica revolucionária, 46; A teoria iluminista da revolução indefinida, 49; Da revolução inacabada à *física social*, 56; A lei dos três estados, 60; A Lei dos três estados e a *física social*, 62; O atraso relativo da *física social*, 64; Sociologia: ciência soberana, 67; A Ordem da desigualdade biológica, 69; O progresso histórico da submissão espontânea, 71; A gênese sociológica da religião da Ordem, 73; Sob a bênção da Religião da Humanidade, 74

4 *Conclusões: A física social e outras sociologias*, 77

A sociologia como saber da ordem burguesa, 77; As sociologias posteriores e o paradigma comteano, 78; Sociologia marxista?, 81; Algumas influências positivistas, 83; Positivismo na América Latina e no Brasil, 84

Parte II
Antologia

Sob a utopia saint-simoniana, 88

Ciência social e economia política, 92

O poder espiritual, 94

A lei dos três estados, 100

A física social, 103

A hierarquia das ciências, 106

A desigualdade biológica, 110

Teoria da religião positivista, 111

A Religião da Humanidade, 114

Teoria feminina positivista, 115

Sobre o proletariado, 116

Ordem e Progresso: o fundador da Sociedade Positivista a quem pretenda se filiar (1848), 117

O positivismo no Brasil, 121

Bibliografia, 125

Introdução
A sociologia como *física social*

A GÊNESE POLÍTICA IGNORADA

Augusto Comte foi o fundador da Religião da Humanidade e de uma seita (a Sociedade Positivista de Paris), uma e outra, religião e prática política positivistas quase que totalmente desconhecidas do ponto de vista de sua abrangência e significação teóricas. Embora formando a maior parte da obra comteana, desde o século XIX os textos da chamada "segunda carreira" política e religiosa têm sido considerados de menor importância ou até mesmo ignorados, pois estariam sob o signo da doença psíquica de Augusto Comte, que se manifestou em 1826. Ainda durante a vida do filósofo positivista, formou-se a lenda segundo a qual vestígios do desequilíbrio psíquico finalmente teriam retornado e se manifestado nas obras posteriores ao *Curso de filosofia positiva*, sob a forma de subjetivismo moral e messianismo social. Em sentido contrário, desde o século XIX, costuma-se considerar que a chamada "primeira carreira" foi o momento único da fundação da filosofia positivista, da sociologia (ou *física social*) e da epistemologia (filosofia das ciências), novo continente do saber filosófico, que foi em parte inaugurado pelo positivismo no século XIX.

O desconhecimento da segunda carreira contribuiu decisivamente para a formação de uma imagem distorcida do positivismo, que ainda permanece. Nos diversos domínios da cultura (entre outros, no direito, na economia, na teoria literária, na psicologia) mas, em particular, no dos estudos filosóficos e da sociologia, recorre-se ao positivismo como exemplificação perfeita do saber desvinculado da subjetividade metafísica assim como da prática política. Contudo uma simples leitura dos textos da segunda carreira (como o *Catecismo positivista* e o *Sistema de política positiva*, entre os muitos escritos político-religiosos comteanos) destrói imagem tão desinteressante. Aqueles textos desprezados revelam as amplas e complexas implicações políticas do pensamento positivista, remetendo-nos sobretudo à luta de classes no século XIX. Além disso, neles encontramos, plenamente desenvolvida, a reflexão moral comteana, enquanto *logos* fundador da sociedade positivista do futuro, tal como idealizada por Augusto Comte.

Acima de tudo, ignora-se que a gênese teórica da sociologia, na obra de Augusto Comte, está transpassada pela prática política do filósofo, assim como pela fundação religiosa positivista. Naquela época histórica, como sabemos, a classe operária européia tinha começado a desenvolver profunda consciência política e, no decorrer de sucessivas insurreições e revoluções, em particular na França, mas também em outros países da Europa, fazia tentativas no sentido de instaurar uma nova sociedade que superasse radicalmente a sociedade burguesa. Ora, entre 1830 e 1848 Comte criou a sociologia, a "ciência do progresso dentro da ordem", em seguida voltou-se para a prática política, organizando a Sociedade Positivista de Paris e, finalmente, idealizando e concretizando a Religião da Humanidade.

No decurso dos acontecimentos revolucionários de 1848, sempre distante das lutas políticas concretas travadas pela representação operária no governo provisório, a Sociedade Positivista de Paris reunia-se e discutia medidas positivistas, formulando planos para a organização social do trabalho e para a educação popular. Na verdade, Comte e seus discípulos mais próximos, de acordo com os ensinamentos da sociologia, preocupavam-se, acima de tudo, em criar fórmulas para transmitir os ensinamentos da mais absoluta disciplina social e que portanto contribuíssem para erradicar a luta de classes, da qual 1848 seria o exemplo mais próximo. No vocabulário positivista, "revolução" e "sociedade" são termos que se excluem radicalmente, e além disso pode-se substituir "revolução" por "anarquia social", sem prejuízo algum à doutrina positivista.

Durante a Revolução de 1848, quando os operários de Paris, atrás de barricadas, em desigualdade de força e número enfrentaram as tropas burguesas chefiadas pelo general Cavaignac, o filósofo positivista permaneceu recluso em seu apartamento, na mesma cidade. Como narrou no *Testamento*, mesmo incomodado com o barulho ensurdecedor da batalha nas ruas, ainda assim cumpriu ritualmente o hábito de escrever cartas a Clotilde de Vaux, o grande amor de sua vida, que havia morrido anos antes.

Embora concebida como estudo das grandes questões da sociedade burguesa do século XIX, a sociologia, cuja gênese teórica se encontra na obra positivista, tinha finalidades políticas nada revolucionárias. Comte pretendia estar criando um novo saber científico que revelasse a existência de leis sociais inexoráveis às quais a classe operária, em particular, deveria se submeter. É muito significativo que, inicialmente a sociologia tenha sido chamada, pelo próprio filósofo positivista, de "física social".

A política, escreveu Comte certa vez, só será transformada em ciência quando pudermos encará-la como "uma física particular". Do mesmo modo que havia uma "física dos corpos brutos" (ou seja: a astronomia, a física propriamente dita e, em certo sentido, a química) e uma "física dos corpos organizados" (ou seja, a biologia, como história natural, fisiologia e anatomia), deveria surgir no século XIX, transpassado por permanente anarquia política, uma *física social*, enquanto estudo das leis imutáveis da sociedade, ou seja, as "leis do progresso dentro da ordem".

ENTRE A UTOPIA SOCIALISTA E A *FÍSICA SOCIAL*

Na verdade, a história do positivismo e da sociologia comteana tinha se iniciado antes daqueles anos mais violentos da luta de classes, entre 1830 e 1848. Na época em que a grande indústria capitalista começou a trazer desemprego e miséria para a classe operária francesa, isto é, por volta de 1817, o jovem Comte, então com 19 anos, cultivara sonhos de transformações sociais sob a influência de Henri de Saint-Simon (1760-1825), um dos fundadores da doutrina socialista. Esta outra história do positivismo costuma ser igualmente ignorada pelos manuais de filosofia e de sociologia, além disso estando ausente dos estudos especializados.

Desde a juventude Comte acreditara que somente aprofundadas reflexões políticas, seguidas da elaboração de um plano de reorganização social, poderiam erradicar a anarquia que, tendo começado em 1789, com a Revolução Francesa, permanecera até o início do século XIX. Porém, sob influência do mestre Saint-Simon, o jovem Comte acreditou que, antes de qualquer outro, seria necessário o planejamento da *economia da sociedade*. Portanto teria sido Comte em certo sentido, durante a juventude, um "socialista utópico" saint-simoniano, para usarmos a expressão forjada por Karl Marx em 1848?

Realmente, de 1817 a 1819 Augusto Comte envolveu-se com seguidores da doutrina do mestre Saint-Simon, os quais eram chamados, pela imprensa liberal, de "monges vermelhos". Mas logo o estudante politécnico Comte desistiu de arquitetar cidades ideais e, colocando-se contra qualquer utopia social desestabilizadora, desenvolveu o projeto da *física social*. No *Curso de filosofia positiva*, a *física social* é elevada à sua forma suprema, transformada em ciência positiva, a sociologia.

Enquanto primeiro sociólogo, Comte estudou a história da humanidade, particularmente da Idade Média, retirando explicações conservadoras sobre a submissão da classe operária e das mulheres. De reflexões sobre aquela época, concluiu que, no século XIX, seria necessário reconstruir o poder moral (religião). Mas, segundo o sociólogo Comte, sobretudo a biologia, particularmente a fisiologia cerebral, teria aberto caminhos inéditos para a compreensão das desigualdades sociais. Apoiada nos estudos frenológicos (anatomia e fisiologia cerebral), a sociologia comteana pôde produzir um arsenal de justificações científicas, bem questionáveis, para a necessidade da ordem burguesa no século XIX.

Foi assim que Comte substituiu a utopia saint-simoniana pela *física social* ou sociologia, ciência conservadora do estado atual da sociedade. Nesse sentido, lembre-se que desde o século XIX o positivismo tem sido instrumentalizado pelo pensamento político conservador. Durante a Segunda Guerra Mundial, a Ação Francesa, organização de tendências fascistas, apoiou-se no positivismo enquanto filosofia que "faz defesa intransigente da ordem". Mas também, entre outros muitos exemplos significativos, parece importante lembrar que, nas últimas décadas do século XX na França, sob a égide da pós-modernidade, foram feitas releituras da obra de Comte, resgatada e revalorizada enquanto inspiração para a doutrina do "fim das utopias".

A *FÍSICA SOCIAL* COMO IDEOLOGIA RELIGIOSA

O filósofo positivista criou a Religião da Humanidade por volta de 1844, sendo que fez tentativas mais sistemáticas de propagá-la e de conseguir adeptos, em particular no meio proletário, às vésperas da Revolução de 1848 e durante o seu desenvolvimento. Diante da insurreição iniciada nos bairros operários parisienses, Comte aprofundou ainda mais a teoria sociológica da Ordem, em especial pensando em deduções propriamente morais, mas sempre sob preocupações políticas.

Os escritos positivistas não deixam dúvidas. Comte acreditou firmemente que aquela Revolução de 1848 tinha demonstrado, de modo concreto e irrefutável, que a classe operária ("proletariado industrial") não aspirava a simplesmente pão e trabalho. Em particular as barricadas erguidas pelos operários franceses simbolizavam o enfrentamento político com a burguesia ("poder temporal"), com fins revolucionários radicais. Com tais intuições sociológicas sobre os objetivos políticos da classe operária, Comte concebeu a Religião da Humanidade destinada à sacralização moral do consenso ou pacto social entre as classes.

Do ponto de vista do próprio Augusto Comte, existe uma continuidade que vai da utopia saint-simoniana à Religião da Humanidade. O filósofo positivista, primeiro sociólogo e primeiro pontífice da Religião da Humanidade, dizia que os seus escritos de juventude eram tão importantes quanto as grandes obras da maturidade. Não haveria portanto uma ruptura entre o positivismo sociológico e o positivismo religioso; muito pelo contrário, pensava Comte, a Religião da Humanidade era a finalização lógica e a concretização esperada da filosofia positiva e da sociologia, seu produto teórico mais autêntico.

Como epígrafe do *Sistema de política positiva* (ou Tratado de sociologia fundando a Religião da Humanidade), última grande obra positivista, Comte citou o poeta Alfred de Vigny, que havia escrito: "O que é uma grande vida? É um pensamento da juventude realizado na idade madura". Realmente, do seu início à sua finalização, a obra de Augusto Comte nos aparece como uma totalidade coerente e, neste sentido, com inegável grandiosidade. Por toda a parte, em todos os textos, encontramos a explicitação dos mesmos princípios políticos e sociais claramente conservadores. De uma forma ou de outra, mas sempre com inflexível convicção, todas as reflexões comteanas nos encaminham para a ideologia religiosa, enquanto figura acabada e mais perfeita da sociologia, concebida como *física social*, a esperada ciência (burguesa) da suspensão da luta de classes.

Parte I

Da utopia à *física social*

1 Do medo da Revolução à mistificação do proletariado

SOB O MEDO DA REVOLUÇÃO

Isidore-Auguste Marie François-Xavier Comte, conhecido como Augusto Comte, nasceu em Montpellier, no sul da França, a 19 de janeiro de 1798. Aconteciam, então, momentos de grande instabilidade política, sob o chamado "terror ditatorial", que caracterizou a última fase da Revolução Francesa, com perseguição ao clero católico e aos nobres que haviam retornado do exílio. "Governo dos proprietários" ou "República burguesa", para usarmos expressões do historiador Albert Soboul (1914-1982), o Diretório governou a França de 1795 até o 18 do Brumário (9 de novembro de 1799), quando um golpe de estado dá início à era de Napoleão Bonaparte.

Rosalie e Louis-Auguste Comte, pais de Comte, eram católicos convictos e só puderam realizar o batismo do filho às escondidas; também clandestinamente haviam se casado, anos antes. Os padres católicos de Montpellier, cidade francesa onde morava a família Comte, haviam fugido para a Espanha, por temerem o "terror burguês".

Louis Comte, o pai, era um modesto e pobre funcionário público, mas sempre se manteve firme na defesa do poder dos reis e da Igreja Católica de seu tempo. Razões existem para acreditarmos que Comte teve uma infância não muito alegre, cercado pelo medo e pela insegurança de uma família católica, monarquista, vivendo na época anticlerical e politicamente contestadora do Antigo Regime.

Nos primeiros anos da juventude, Comte não segue as convicções políticas e religiosas de sua família. Entretanto a filosofia por ele criada, o positivismo, por certo vincula-se profundamente às idéias conservadoras e ao medo da revolução, que por assim dizer constituíram a marca particular de sua infância.

PRIMEIRAS MEDITAÇÕES SOCIAIS

Em outubro de 1806, portanto aos oito anos, Comte entrou, como interno, para o Liceu de Montpellier. O mestre deste período de sua vida foi Daniel Encontre, obscuro pastor protestante que ensinou matemática ao adolescente

Comte. Anos mais tarde, e durante quase toda sua vida, Comte será, ele próprio, professor de matemática. Ao dedicar a Daniel Encontre sua última obra — *Síntese subjetiva* (1856) —talvez com certo exagero mistificador escreveu que aquele professor de Liceu tinha sido a sua primeira imagem do "verdadeiro filósofo positivista".

Em 1814, aos 16 anos, Comte foi admitido na Escola Politécnica de Paris. Criada em 1794 para responder às exigências da grande industrialização capitalista nos anos posteriores à Revolução Francesa, a Escola Politécnica dedicava-se sobretudo à formação de engenheiros. Para esta carreira se encaminhava Comte, jovem de poucos recursos e que obteve, devido ao excelente exame de admissão, uma bolsa de estudos parcial.

Sob os olhares não muito confiantes da família, Comte mudou-se para Paris, abandonando para sempre Montpellier, para onde voltaria vez ou outra, em curtas temporadas, no decorrer de toda a sua vida. Trocou assim a ensolarada e provinciana cidadezinha do Sul da França, pela capital, Paris, ainda medieval no traçado, com ruas estreitas e escuras mas, ao mesmo tempo, centro de tudo quanto acontecia de importante e inovador no início do século XIX.

Escrevendo ao amigo Valat, que ficara em Montpellier, desde logo Comte demonstrou particular entusiasmo com o ambiente animado reinante entre os politécnicos, apesar da disciplina militar a que eram submetidos. Aqui — narra ao seu melhor amigo de juventude — além de estudar todas as matérias do currículo, aproveita-se o tempo que sobra em intermináveis debates a respeito das idéias da economia política. Comte deixou-se levar. Os primeiros textos que publicou, entre 1816 a 1819, manifestam forte influência da economia política, saber recente que o encaminha à formulação das primeiras idéias sociais positivistas.

Nas décadas iniciais do século XIX, portanto durante os anos da juventude de Comte, a França começava a se industrializar a passos largos. Surgia a Grande Indústria e crescia o contingente daqueles que Karl Marx (1818-1883) chamaria, poucos tempo depois, de "escravos modernos" — os operários fabris — e a classe de seus novos "senhores" - a burguesia industrial. Mas, principalmente, crescia com a classe operária a sua própria pobreza.

Em 1819, o economista suíço Simonde de Sismondi (1773-1842) escreveu uma obra intitulada *Novos princípios de economia política* (ou Da riqueza em suas relações com a população) em que atribuiu a miséria da maioria dos trabalhadores ao crescimento anárquico da indústria. Era preciso organizar a produção tendo como objetivo uma vida melhor para a maioria da sociedade, assim pensava Sismondi, abrindo caminho ao ideário socialista. O pensamento socialista (como a própria palavra "socialismo") começou a despontar, desde 1830, particularmente com a Escola de Bazard e Enfantin, seguidores da doutrina de Henri de Saint-Simon.

Como muitos de seus colegas da Escola Politécnica, Comte não se inclinava para a teoria econômica defendida por Sismondi (e futuramente pelos socialistas franceses). Leitor e admirador de Adam Smith (1723-1790), fundador da economia política, enquanto estudante politécnico Comte identificava-se com os seguidores franceses do liberalismo econômico smithiano. Assim é que se encontram em seus primeiros textos — cartas teóricas, artigos, resenhas datados de 1817 a 1819 — referências elogiosas ao economista francês Jean-Baptiste Say (1767-1832) e aos seus seguidores franceses. Say, assim como seu mestre A. Smith, era favorável ao liberalismo econômico. Tudo vai bem para a economia de um país, pensavam, desde que a deixemos seguir o seu "curso natural", sem intervenção do Estado, sem regulamentações econômicas excessivas.

Mas, ao mesmo tempo que se deixava influenciar pela economia política liberal, isto é, por volta de 1816, Comte começou a se interessar pela chamada "escola teocrática", particularmente pela obra *O papa*, de autoria de Joseph de Maistre (1753-1821). Contra a doutrina liberal, De Maistre sustentava que era necessário reoganizar a sociedade moderna; a forma de realizar esta tarefa política seria o retorno ao passado, à monarquia e à influência católica, centrada na figura do papa.

Os escritos do jovem Comte, de 1816 e 1819, incorporam tanto as premissas do liberalismo econômico como as do conservadorismo político, procurando realizar a sua síntese.

LEITURAS QUE "LEVAM AO ERRO"

Apesar de pouco inclinado à teoria contestadora, de certo modo e muito de acordo com a sua idade, em 1816 Comte teve atitudes insubmissas. Conta-se que liderou uma revolta estudantil na Escola Politécnica, resultando no próprio afastamento e no de outros colegas. A causa aparente do episódio escolar teria sido o comportamento autoritário de um professor com relação aos alunos. Na realidade, existiriam motivações político-ideológicas: com a volta dos Bourbons à França, iniciada a restauração monárquica, não havia como não colocar sob suspeita um local como a Escola Politécnica, "foco de bonapartismo e republicanismo", como se dizia então. De qualquer modo, Comte teve os estudos interrompidos, sendo que jamais voltou a estudar como aluno regular em outro estabelecimento de ensino.

É dessa época o primeiro escrito comteano que expressivamente intitulava-se *Minhas reflexões* (Humanidade, verdade, justiça, liberdade, pátria). Nesse pequeno ensaio, o autor mostra-se profundamente revoltado e indignado com o despotismo do Bourbon Luís XVIII, que então governava a França, após a queda de Napoleão Bonaparte. O povo francês iria aceitar novamente o governo de um tirano?, lemos em *Minhas reflexões*. O povo não sabe julgar o presente por desconhecer as lições da história; se bem compreendida, a história pode ser reveladora dos traços da tirania do presente, antes mesmo que o povo sofra a sua opressão, escrevia então o jovem Comte. Nas conclusões de *Minhas reflexões*, à maneira dos filósofos do século XVIII Comte escreve que para colocar fim aos governos despóticos, para fazer com que os povos recusassem os tiranos, só haveria uma saída: "o progresso das luzes e o crescimento da quantidade da instrução comum". Portanto seria necessário educar o povo, levando as "luzes da ciência e da filosofia para o seu meio".

Em *Minhas reflexões*, Comte defende o ideário democrático do século XVIII. "Os homens nascem e permanecem iguais em direitos", dizia a Constituição francesa de 1789; portanto as leis de uma nação deveriam fundar-se na igualdade de direitos e na liberdade. Além de se mostrar atraído pelo ideário democrático-burguês de 1789, na época dos estudos politécnicos Comte leu e admirou a obra *Do contrato social*, do filósofo Jean-Jacques Rousseau (1712-1778), que tinha inspirado os setores mais radicais da Revolução Francesa, vinculados à causa popular, particularmente no período de 1793 a 1794. Entretanto as convicções democráticas e igualitárias do jovem Comte tiveram vida curta.

Já no início de 1818, aos vinte anos, mais uma vez escrevendo a Valat condena a filosofia do século XVIII, da Revolução Francesa, de Rousseau: "Esta teoria, estes sistemas são mal concebidos e levam ao erro". Em seguida, desenvolve as suas convicções mais recentes e que serão sustentadas no decorrer de sua vida: nada existe de absoluto na história dos homens, nenhum direito é absoluto, nenhuma igualdade é absoluta, nenhuma liberdade é absoluta. É falso dizer que há direitos naturais, portanto universais, independentes, de classe social, de condição econômica, cultural, de sexo, raça ou idade. Portanto aos vinte anos Comte tornara-se cético quanto à possibilidade da democracia moderna, tivesse ela a forma das comunas burguesas de 1789 ou dos conselhos e assembléias *sans-culottes* de 1793.

O chamado movimento dos *sans-culottes* realizou uma revolução dentro da própria Revolução Francesa. "No próprio interior de Paris, nas sombrias e profundas ruas operárias (Arcis, Saint-Martin), fermentava o socialismo, uma revolução sob a revolução", escreveu o historiador francês Jules Michelet (1798-1874). Realmente a burguesia francesa, que em 1789 tinha se apoiado nas camadas mais pobres para derrotar o Antigo Regime, na seqüência do processo revolucionário foi obrigada a enfrentá-las em luta aberta pelo poder político. A expressão *sans-culottes* ("sem-calções") começou a ser utilizada em 1792 para designar os habitantes de Paris, particularmente os da periferia (Saint-Antoine, Saint-Marcel e outras localidades). Suas indumentárias eram bem características: calças (em vez de calções, como era costume da nobreza), boné vermelho na cabeça, e quando a situação exigia carregavam o sabre (espada curva) e a lança. A história da "revolução sob a revolução" ficou mais ou menos ignorada durante longo tempo, até que o historiador Albert Soboul resgatou-a em *Os sans-culottes parisienses no ano II; movimento popular e governo revolucionário* (1793-1794). A partir de escassa documentação, Soboul reconstruiu a prática política dos conselhos e assembléias populares, em particular, do ano de 1794 as quais, como ele próprio comenta, se opunham às práticas políticas da burguesia. Nas instâncias do poder popular tudo era decidido "em voz alta" ou "por aclamação", ao contrário da democracia burguesa, que pratica o voto secreto. Sobretudo o voto por aclamação era privilegiado pelos *sans-culottes*, que pretendiam dar a máxima publicidade a todas as decisões, reunindo-se sempre "em presença do povo". A democracia direta praticada pelas assembléias *sans-culottes* inspirava-se particularmente no ideal de um governo da "vontade geral", cuja matriz teórica se encontra na obra *Do contrato social* de Jean-Jacques Rousseau. Os *sans-culottes* exigiam a igualdade de condições de vida: o povo tinha feito a revolução, logo deveria garantir-lhe o "direito à existência", que contudo seria concretizado apenas com a limitação dos privilégios e dos direitos burgueses, em particular o direito à propriedade.

Criada por Comte anos depois, a filosofia positiva desenvolve reflexões políticas fundamentais, centradas na questão do *dever*, com a finalidade de substituir "a inútil e nociva discussão sobre os direitos". Segundo o positivismo, acreditar que os homens nascem livres e iguais nada mais seria do que uma ilusão da "metafísica revolucionária". Para evitar que a sociedade se destruísse em sucessivas e violentas revoluções sociais, seria necessário que cada um cumprisse o seu dever como operário, patrão, esposa, artista e assim por diante.

SAINT-SIMON: O MESTRE RECUSADO

Após ter sido expulso da Escola Politécnica, Comte passa uma curta temporada em Montpellier. De volta a Paris em 1816, foi seduzido por um projeto de vida com o qual se entusiasmaram muitos de sua geração. Por intermédio de um general francês de nome Campredon recebe convite para participar, como mestre, da criação de uma escola politécnica nos Estados Unidos da América do Norte. Envolve-se completamente, chega a estudar inglês, lê atentamente a Constituição norte-americana, enfim prepara-se com afinco e entusiasmo. Contudo o projeto fracassou.

Pobre, vivendo de aulas particulares de matemática, Comte logo encontra uma saída para os problemas financeiros, que aliás serão constantes em toda a sua vida. Na casa de um amigo, foi apresentado ao filósofo Henri de Saint-Simon, que o convida para torna-se seu secretário particular. O convite foi muito mais do que simples solução para problemas financeiros; na verdade, desde então abriram-se brilhantes perspectivas políticas e intelectuais, decisivas para o advento do positivismo, particularmente para a criação da sociologia.

Saint-Simon, já bem idoso, tinha passado por longa história pessoal aventureira. De família nobre arruinada, ingressou no exército francês em 1777; além disso, ao lado dos insurretos combateu na guerra pela independência dos Estados Unidos; por várias vezes acumulou fortuna, perdendo tudo ou simplesmente gastando sem nenhum freio.

Acima de tudo, o projeto teórico saint-simoniano, naqueles anos em que esteve próximo de Comte, era fundar a ciência social, ou seja, a teoria que permitisse reorganizar a sociedade industrial e garantir "os direitos dos industriais". Assim como o jovem Comte, por volta de 1816 o mestre Saint-Simon deixou-se influenciar pelas idéias econômico-liberais e pelas concepções teocráticas. Contudo a teoria social saint-simoniana superou essas influências conservadoras, transformando-se, ela própria, em um dos marcos iniciais do socialismo do século XIX. Assim é que, anos mais tarde, Karl Marx (1818-1883) e Frederich Engels (1820-1895), na obra *Manifesto comunista*, datada de 1848, escreveriam que Saint-Simon, ao lado de Charles Fourier (1772-1837) e de Robert Owen (1771-1858) deveriam ser considerados precursores do socialismo revolucionário. Embora tenham pensado fórmulas sociais apenas utópicas, lemos no *Manifesto comunista*, aqueles fundadores teriam, sob certos aspectos, desenvolvido poderosa e esclarecedora crítica à sociedade burguesa.

Seduzido pela personalidade de Saint-Simon, Comte aceitou ser, a partir de 1817, seu secretário particular por uma quantia mensal de 300 francos. Contudo, logo após o início da colaboração, começou a se desenhar o desentendimento entre o mestre e o discípulo. O jovem secretário tinha como tarefa transformar em textos o pensamento do mestre. Logo porém, o secretário começou a desenvolver idéias próprias, entrecruzando-as àquelas que deveria reproduzir. É dessa época a sintética fórmula positivista: "Tudo é relativo, eis o único princípio absoluto".

Realmente, nos anos em que Comte esteve próximo a Saint-Simon, isto é, de 1817 a 1824, iniciou-se a história da filosofia positivista. Em co-autoria com o seu "mestre em política", redigiu o ensaio *A indústria* (1817), que em certo sentido demarca as origens do positivismo, mas ao mesmo tempo dá expressão à doutrina saint-simoniana. Em *A indústria* encontram-se reflexões que anunciam a doutrina socialista posterior (como o projeto do planejamento da economia), entrecruzadas com conceitos já propriamente positivistas.

GOLPE MORTAL NAS UTOPIAS SOCIAIS

A partir de 1819, são publicados ensaios, reunidos mais tarde pelo próprio Comte sob o título de *Opúsculos de filosofia social*. Em "Plano dos trabalhos necessários para reorganizar a sociedade", escrito no ano de 1822, pela primeira vez Comte desenvolveu a célebre "lei dos três estados" e a *física social*.

A teoria ou lei dos três estados tornou-se a mais conhecida de todas as concepções do positivismo. Comte dizia ter descoberto que a história das sociedades obedeceu sempre a mesma seqüência de desenvolvimento. Inicialmente todas as sociedades foram teológicas em seus fundamentos sociais, depois se tornam metafísicas, para finalmente chegarem ao seu estado de civilização definitivo, que seria o estado positivo, ainda a ser concretizado. Essa regularidade histórica, como todas as regularidades que governam os fenômenos da natureza, seria absolutamente necessária e espontânea. Com a mesma espontaneidade e necessidade que a Terra gira em torno do Sol, as sociedades obedeceriam ao ciclo histórico dos três estados. No estudo da sociedade, a lei dos três estados portanto teria o mesmo grandioso significado que a lei da gravitação universal na ciência dos fenômenos astronômicos e físicos.

Ao ensinar que existem leis sociais naturais, portanto absolutamente universais e necessárias, o positivismo pensava estar transformando o estatuto da própria teoria social. Igualando-se a qualquer ciência da natureza, a teoria social poderia desde então reivindicar o nome de "ciência". Foi assim que nasceu a *física social*, criada por Comte, em 1822. Anos mais tarde, exatamente a partir de

1830, com a obra *Curso de filosofia positiva*, a ciência social positivista recebe o nome de "sociologia", com o qual fica conhecida desde então.

O título do ensaio de 1822, ou seja, "Plano dos trabalhos necessários para reorganizar a sociedade", explica-se facilmente. Neste ensaio da juventude, Comte apresenta "aos sábios da Europa" o projeto de trabalhos teóricos, mas também "práticos", relativos à criação da *física social*, saber destinado a dar o golpe mortal em todas as utopias radicais. Esses sonhos utópicos, como bem sabia Comte, tinham começado a despontar desde o início da Revolução Francesa. De fato, já em 1790 o chamado Círculo Social, fundado pelo abade Fauchet sob a inspiração de Jean-Jacques Rousseau, reivindicava direitos para as mulheres e os pobres.

Sucessivamente retomado, o ideal dos chamados "niveladores" franceses tinha reaparecido, sob o olhar atento de Augusto Comte, nas primeiras décadas do século XIX. Assim é que, desde os escritos de juventude, Comte mostra-se abertamente contrário às utopias libertárias e igualitárias de seu tempo. E se algumas vezes escreveu obras didáticas, se realizou cursos populares de positivismo e se até mesmo procurou aproximar-se de certos operários franceses, tudo foi feito, como ele admitia, com o objetivo de afastar a classe operária do século XIX da utopia metafísico-revolucionária, atraindo-a para os ensinamentos conservadores do positivismo.

A palavra *nivelador* (em francês, *niveleur*) remete-nos ao início da Revolução Francesa. Desde 1789 foi empregada como sinônimo de "igualitarista", ou também de "comunista", ou seja, aquele que reivindica a igualdade absoluta de condições. Mas seu emprego inicial pode ser localizado na Revolução Inglesa de 1648: *leveller* ("nivelador") designou, naquela época histórica, a fração mais avançada do partido dos Independentes, que lutava fundamentalmente pela igual repartição de bens e pela constituição de uma república absolutamente igualitária. Sob o governo de Oliver Cromwell (1599-1658), que os considerava perigosos, os principais líderes dos niveladores ingleses foram condenados ao suplício.

A SOCIOLOGIA DA ORDEM

Portanto, em 1822, Augusto Comte tinha preparado as bases da sociologia. Oito anos depois, escreve a sua mais importante obra teórica: o *Curso de filosofia positiva*. Nesta obra, se encontram os fundamentos da filosofia positiva, construída enquanto epistemologia ou reflexão filosófica sobre as ciências modernas. Comte pensa a questão da história dos progressos do espírito científico. Os grandes progressos científicos da época moderna apenas tinham sido possíveis porque os sábios modernos ousaram abandonar a explicação dos fenômenos por causas imaginárias metafísicas ou teológicas. As ciências modernas (astronomia, física, química e biologia) surgiram e se desenvolveram graças ao "método da observação dos fatos". Igualmente, a filosofia teria de seguir este mesmo caminho teórico-científico, mas isto ainda estaria para ocorrer.

No século XIX, explica-nos Comte, a velha filosofia metafísica ocidental estava em ruínas. Mesmo assim, alguns filósofos, chamados de ecléticos, para reerguer a metafísica em ruínas tentaram aplicar, em suas investigações filosóficas, o mesmo método da observação empregado com sucesso pelas ciências da natureza. Assim sendo, desenvolveram supostas investigações da subjetividade humana (consciência) e de seus estados (medo, sofrimento etc.). O *Curso de filosofia positiva* ataca a psicologia eclética e seu pretenso método de observação interior.

Do ponto de vista lógico, escreve Comte, é evidentemente impossível que "o observador e a coisa observada coincidam", logo as auto-investigações da consciência não passam de mais uma das ilusões da metafísica filosófica. Segundo Comte, isso não significava que a própria filosofia estivesse condenada para sempre e não pudesse ser reconstruída. Mesmo sendo impossível que o homem observe diretamente suas "operações intelectuais", pode, ao menos, observar o "órgão da inteligência" (ou seja, o cérebro) e refletir a respeito dos resultados mais importantes da atividade intelectual (ou seja, as ciências positivas). Para substituir a metafísica decadente e desacreditada, Comte propõe que seja desenvolvida uma *fisiologia cerebral* (enquanto estudo dos órgãos morais e intelectuais humanos) e uma *filosofia das ciências* (enquanto estudo positivo dos principais resultados da inteligência humana). O positivismo poderia assim refundar a filosofia moderna a partir de fundamentos não-metafísicos.

Desde o século XIX até o presente, a obra de Comte tem sido lembrada sobretudo como momento de criação e dos primeiros desenvolvimentos da filosofia das ciências ou epistemologia (do grego *episteme* = ciência, *logos* = estudo). Ao menos da ótica positivista, a epistemologia não era, contudo, um fim em si mesmo. O projeto maior do positivismo, como está posto explicitamente na obra de Comte, era fundar a *física social*, a sociologia. Realmente, no *Curso de filosofia positiva* a epistemologia é o preâmbulo a reflexões sociais e políticas. Ainda hoje, costumam-se ignorar as implicações político-ideológicas da epistemologia, quase sempre pensando-se em Augusto Comte como fundador de um saber filosófico neutro e absolutamente objetivo, ou seja, a moderna epistemologia ou filosofia das ciências.

Quando criada, na extensão dos diversos e longos capítulos do *Curso de filosofia positiva*, a epistemologia (estudo dos métodos e da história das diversas ciências positivas) fornece o substrato teórico da *física social*. Pouco a pouco, através da história das diversas ciências positivas Comte vai recortando aspectos metodológicos e conceitos que imeditamente são remetidos à fundação da sociologia.

COMTE E SEU CONTEMPORÂNEO KARL MARX

Com a criação da sociologia, Comte abandonava definitivamente a utopia saint-simoniana, que tanto o havia entusiasmado pouco tempo antes. Por volta dos trinta anos demonstrava ter rompido completamente com a gênese utópica de sua obra. A sociologia, com seus estudos da estática social (Ordem social) e da dinâmica social (Progresso social), pretendia demonstrar que é da natureza da sociedade a existência da propriedade privada, da família patriarcal e da religião como "poder espiritual". Estas premissas sociológico-positivas, fundadas na epistemologia, prescreviam uma solução espiritual para os conflitos entre as classes no século XIX, ou seja, segundo Comte seria suficiente *moralizar* o uso da propriedade, impondo *deveres* aos que a possuíam.

No *Sistema de política positiva* (ou Tratado de sociologia instituindo a Religião da Humanidade), obra da maturidade, Comte afirma que o profundo conformismo com a desigualdade de riqueza combinado com a absoluta submissão aos proprietários privados são as únicas coisas a serem divididas neste mundo. Ora, tais deduções da filosofia positiva demarcam diferenças fundamentais entre a sociologia comteana e a teoria social de autoria de Karl Marx, contemporâneo de Augusto Comte.

Desde *Manuscritos econômicos e filosóficos de 1844*, Marx defendeu que não é próprio da natureza das coisas que existam classes sociais diferenciadas economicamente. Na sua obra mais importante — *O capital* (Para uma crítica da economia política) — procurou demonstrar sobretudo que a propriedade *privada* dos meios de produção (isto é, as ferramentas e maquinaria, a matéria-prima, os locais de trabalho e a própria força de trabalho) deveria dar lugar à propriedade socializada. Uma nova sociedade então seria construída, a partir dessa transformação essencial.

Segundo Marx, no entanto, nenhuma fórmula moralista (ou a simples boa vontade) pode realizar a socialização dos meios de produção, condição primeira para o socialismo. Caberia ao próprio proletariado (em unidade com aqueles que assumem o ponto de vista da transformação social) abandonar a passividade e o conformismo e organizar-se em direção a uma verdadeira revolução política.

Desde a década de 1970, alguns autores, como Sarah Kofman e Pierre Macherey, entre outros, quiseram demonstrar a existência de vínculos entre o pensamento de Comte e de Marx. Na verdade, há sobretudo uma diferença ideológico-política que separa, de modo insuperável, os projetos dos dois filósofos do século XIX. A teoria social de Marx postula a permanência da revolução, como ele próprio escreveu em 1850: "Os nossos interesses e as nossas tarefas consistem em tornar a revolução permanente até que seja eliminada a dominação das classes mais ou menos possuidoras, até que o proletariado conquiste o poder do Estado, até que a associação dos proletários se desenvolva não em um só país, mas em todos os países predominantes do mundo, em proporções tais que cesse a competição entre os proletários desses países, e até que pelo menos as forças produtivas decisivas estejam concentradas nas mãos do proletariado".

Em sentido completamente contrário ao de Marx, a sociologia comteana se completa por uma predicação moralista, convidando ao conformismo absoluto. Sob este aspecto, pode-se dizer que a *física social* foi concebida e concretizada para servir de instrumento ideológico daqueles que, no século XIX, pretendiam sustar a continuidade da revolução, até a negação da sociedade existente.

LOUCURA E FILOSOFIA POSITIVA

Os seis volumes do *Curso de filosofia positiva* foram publicados de 1830 a 1842. Mas desde 1826 Augusto Comte ensinava filosofia positiva, em seu próprio apartamento na rua do Faubourg-Montmartre, em Paris. O curso foi freqüentado por cientistas e intelectuais franceses renomados (como Blainville, Humboldt, o economista Dunoyer), colegas politécnicos e jovens estudantes como d'Eichthal e Hyppolyte Carnot. Teve, porém, curta duração. Logo na terceira aula foi suspenso. Um dos biógrafos de Comte narra que, quando os alunos indagaram sobre o professor, ouviram uma resposta evasiva: "Comte está doente". Na verdade, o jovem filósofo tinha sido internado no célebre hospital psiquiátrico do Dr. Esquirol (1772-1840), em Paris.

Conta-se que Esquirol não vacilou ao dar o diagnóstico. Seria um "acesso de mania", doença psicológica descrita pelo próprio médico francês em seu famoso livro intitulado *Memória sobre a mania* (1818). Assim escreveu Esquirol, definindo a mesma doença que diagnosticara em Comte: "Os fenômenos da mania são resultado de uma perturbação da inteligência [...] Levado pela exaltação de idéias que nascem de suas lembranças, o maníaco confunde o tempo e o espaço; aproxima os lugares mais distantes, as pessoas mais estranhas; associa as idéias mais disparatadas; cria as imagens mais extravagantes; faz discursos incoerentes; pratica os atos mais ridículos".

O internamento durou pouco. Comte teria deixado o hospital psiquiátrico no final de 1826, sendo que os registros hospitalares assinalaram: "não curado". Dali para diante seria assistido por Caroline Massin, com quem se casara pouco tempo antes. Aliás, foi Rosalie Comte, mãe do infeliz jovem filósofo, que de passagem por Paris conseguiu do arcebispo da cidade a licença especial para que se realizasse o casamento religioso de Caroline com seu filho, apesar de sua frágil saúde.

Conta-se que o padre, pessoa de pouco tato, prolongou demasiadamente a cerimônia, realizada no apartamento de Comte, situado na rua do Faubourg-Saint-Denis. O doente teria se irritado e murmurado frases anti-religiosas. Durante a cerimônia, surpreendendo todos os presentes, o filósofo assinou nas atas do casamento: Brutus-Bonaparte Comte.

No ano seguinte ao do internamento, Comte tentou suicidar-se jogando-se no Rio Sena, no centro de Paris. Mas já em 1828 voltará à atividade publicando o último dos *Opúsculos de filosofia social*, intitulado "Exame do tratado de Broussais sobre a irritação". A obra de François Broussais (1772-1838), comentada por Comte, trata da fisiologia cerebral, sendo precedida por reflexões sobre as causas da loucura. Comte dirá mais tarde que naquele pequeno ensaio tinha se apoiado nas "luzes de sua própria e triste experiência", que aliás não será a única. Irá se repetir, pelo menos três vezes: em 1838, em 1842 e 1845, datas nas quais fica novamente no limiar de profundo abalo psicológico. Em carta a um amigo, o filósofo e economista inglês John Stuart Mill (1806-1873), Comte descreveu os sintomas de sua doença psicológica: "A perturbação consiste em insônias contínuas, com uma melancolia suave mas persistente, e opressão profunda, sempre aliada a certa fraqueza. Tive de suspender por 15 dias todas as minhas obrigações diárias e até mesmo permanecer acamado por oito dias".

Em 1829, Augusto Comte volta às suas atividades normais, reiniciando o curso de filosofia positiva que havia interrompido três anos antes, por motivos de saúde. Daí para diante irá se entregar inteiramente à redação do *Curso de filosofia positiva*.

PROFESSOR DE OPERÁRIOS

Quando finalmente foi publicado o primeiro tomo do *Curso de filosofia positiva* em 1830, alguma coisa de muito importante começava a mudar na vida e nas idéias de Augusto Comte, então com 32 anos. Consta que nesta época foi um dos fundadores da Associação Politécnica para a Instrução Popular. Seguindo a inspiração do criador da Escola Politécnica, Gaspard Monge (1746-1818), a associação de seus ex-alunos pretendia desenvolver cursos de formação elementar para os operários de Paris. Comte ofereceu-se para ensinar astronomia. Sem dúvida era uma estranha temática, em época de preocupações com questões bem terrestres, como o desemprego, a miséria e os excessos da liberdade econômica! No entanto, ensinar astronomia aos operários estava completamente de acordo com os objetivos políticos da Associação e do próprio positivismo comteano.

Segundo o que podemos ler no *Tratado filosófico de astronomia popular* — que Comte escreveu em 1844 —, ensinar astronomia aos operários poderia ser um modo fácil e direto de convencê-los da "verdade positivista". O que, em síntese, pode-se retirar do ensinamento popular da astronomia? A astronomia ensina que o Universo tem uma ordem, ao mesmo tempo perfeita, estável, *e completamente fora do alcance de modificações que possam ser introduzidas pelo homem*. Ensinada esta verdade científico-positiva, seria fácil, escreve Comte, convencer os operários de que a sociedade, tal como o conjunto dos fenômenos astronômicos, também tem uma *ordem natural* que não se deve desestabilizar, que não se tem o direito de modificar ou reconstruir.

Certamente, como outros membros da Associação Politécnica Comte pretendia ir contra a corrente dos acontecimentos históricos da década de 30 do século XIX, que tiveram como protagonistas principais os operários franceses e os de outros países da Europa, revoltados pelas condições de miséria que a industrialização dos últimos anos lhes havia imposto. Nos cursos populares, durante 18 anos, de 1830 a 1848, Augusto Comte combateu as "tendências metafísicas e revolucionárias" daqueles anos de sucessivas revoltas operárias.

Enquanto praticava a pedagogia positivista no "meio proletário" (na verdade o curso de astronomia popular não teve uma freqüência operária significativa), Comte obteve alguns poucos e passageiros sucessos profissionais. Em 1832, foi nomeado repetidor de análise, transcendente e mecânica racional na Escola Politécnica; em 1836 tornou-se, além disso, examinador de admissão. Mas nunca chegou a ocupar o cargo máximo da carreira, apesar de suas obstinadas tentativas.

Em 1840, candidatou-se ao posto de professor de análise transcendente e de mecânica racional. Não foi admitido, sendo que, Segundo sua própria avaliação, teria sido objeto de perseguições pessoais e de intrigas acadêmicas. Toda a sua amarga decepção e certa dose de rancor contra os supostos inimigos acadêmicos transparecem no "Prefácio pessoal" escrito em 1842, texto introdutório ao último volume do *Curso de filosofia positiva*. Logo Augusto Comte será demitido das outras funções na Escola Politécnica, ficando sem nenhuma fonte de renda segura, a não ser as aulas de matemática.

HISTÓRIA DE AMOR POSITIVISTA

A vida de Augusto Comte foi também um romance de amores infelizes. Em 1825, aos 27 anos, casara-se com Caroline Massin. Em seu *Testamento*, confessa que este foi o maior erro que cometeu em toda sua vida. De qualquer modo, parece que nos tempos de juventude amou realmente aquela mulher de condição social marcada pela pobreza. Caroline tinha sido operária, narra Henri Gouhier, historiador da filosofia e autor de um romance biográfico sobre Augusto Comte. Em 1819, Gouhier continua, os pobres de Paris eram miseráveis; o que uma operária ganhava quase não era suficiente para comprar o pão diário. Caroline, sem qualificação e sem família, não teve outra saída senão se prostituir. Foi assim que Comte a conheceu. "Ele gostou de sua acolhida, tornou-se seu cliente", narra ainda Gouhier. Casaram-se em 1825. Logo no ano seguinte aconteceu a primeira das muitas separações no curso de um relacionamento difícil, que não durou muito.

Aos 46 anos, pobre e infeliz, Comte apaixonou-se novamente, desta feita por uma mulher vinte anos mais nova. Conheceu Clotilde de Vaux (1815-1846) na casa do irmão dela, um ex-aluno politécnico, Maximilien Marie. Como havia se separado definitivamente de Caroline, Augusto Comte não tardou em projetar a união matrimonial com a jovem Clotilde. Porém um ano depois do primeiro encontro ela morreu tragicamente.

Aquela paixão da idade madura — o "ano sem igual", como o filósofo costumava dizer — foi mais do que um caso pessoal. A influência do amor trágico nos rumos da filosofia positiva não pode ser ignorada. À amante morta Comte dedicou o *Sistema de política positiva* (ou Tratado de sociologia instituindo a Religião da Humanidade). No prefácio explica longamente que Clotilde mudou o rumo da filosofia positiva: "Este filósofo austero" — escreveu Comte, referindo-se a si mesmo — "que todos acreditavam ser apenas acessível às preocupações intelectuais, você [Clotilde], desde sempre, o apreciou como o mais apaixonado dos homens que conhecera". Através de Clotilde, através do amor vivido por eles, Comte afirmava ter descoberto a importância fundamental do *sentimento* para a construção da filosofia positiva.

Na mesma época, em seus cursos populares Comte fazia tentativas no sentido de desviar os operários da metafísica revolucionária, atraindo-os para as idéias conservadoras do positivismo. Depois do "ano sem igual" ao lado de Clotilde, volta-se também para as mulheres a fim de convencê-las de que o seu lugar natural é o lar, seu chefe natural é o homem, sua missão natural é amar, e sua maior virtude: a *submissão* ao esposo, ao pai, ao irmão. O *Catecismo positivista*, de 1851, nas palavras de Comte destinava-se "ao meio popular", como tantos outros escritos na primeira metade do século XIX. O catecismo comteano toma forma de um diálogo entre um sacerdote positivista e uma mulher indeterminada. Com a mesma atitude sentimental e mistificadora de Comte ao escrever cartas a Clotilde, o sacerdote positivista se dirige à mulher anônima (símbolo de todas as mulheres), explicando-lhe passo a passo, pacientemente, suavemente, professoralmente os ensinamentos da filosofia positiva, aos quais ela adere sem resistências, submissa e "feminina".

A "teoria feminina" e a nova orientação sentimental do positivismo serão os motivos do rompimento de uma forte amizade. Desde 1841 Comte trocava cartas com o filósofo John Stuart Mill. A amizade duraria até 1846, sendo que o rompimento ocorreu com as divergências quanto à questão social das mulheres. Stuart Mill, autor de *A sujeição das mulheres* (1861), defendia a tese liberal para a emancipação feminina, ou seja: o direito ao voto, quando concedido às mulheres, resultaria na igualdade entre os sexos.

Antes do desentendimento, exatamente em 1844 Stuart Mil havia se sensibilizado com a pobreza do filósofo positivista, propondo-se a ajudá-lo financeiramente. Assim foi que sugeriu a alguns ricos burgueses de seu país que doassem mensalmente uma quantia para o sustento de Augusto Comte, para tanto mostrando-lhes "o valor social das idéias positivistas".

1848: O FILÓSOFO DA ORDEM NA REVOLUÇÃO

Após a deposição revolucionária do rei Luis-Felipe, formara-se na França, em fevereiro de 1848, um governo provisório composto pelo partido burguês (que adotava a bandeira tricolor e reivindicava a República democrático-burguesa) e por uma representação popular (que se colocava sob a bandeira vermelha, lutando pela República democrática e social). De início o partido social levou vantagem, mesmo porque os operários permaneciam com as armas nas mãos, como narra o historiador francês Charles Seignobos (1854-1942), em sua *História política da Europa contemporânea: 1814-1986*.

Os operários parisienses utilizaram sua força momentânea para exigir de uma burguesia aterrorizada a realização da República social, cuja meta essencial deveria ser a *organização do trabalho*, para corrigir a liberdade econômica que imperava então. Deram o prazo de três meses para que fosse aplicado o seu programa, e exatamente em junho de 1848, esgotadas as possibilidades de entendimento, desenrolaram-se as célebres e sangrentas batalhas nas ruas de Paris.

Durante os anos que antecederam a Revolução de 1848, mas também no seu decorrer, sem tréguas Comte procurou participar desse acontecimento histórico e influenciá-lo politicamente. Vivendo às custas de doações de industriais ingleses, tendo perdido Clotilde, sem perspectivas profissionais, em 1844 começou a privilegiar, como atividade, o curso popular. Publica o *Discurso sobre o espírito positivo*, texto de finalidades didáticas dirigido ao proletariado ocidental, como dizia, e aos iniciantes na filosofia positiva.

Meses antes das jornadas revolucionárias de junho de 1848, cria a Associação Livre para a Instrução do Povo em todo o Ocidente Europeu. Ao mesmo tempo começa a reunir amigos e discípulos em seu apartamento na rua Monsieur-le-Prince, em Paris, todos os domingos à noite. Dessas reuniões surge a Sociedade Positivista, criada em 12 de março de 1848. O manifesto de fundação claramente defende um programa político (dirigir as lutas sociais) e doutrinário (convencer o proletariado da solução positivista para a questão social). Essas atividades político-doutrinárias ocorreram no auge das jornadas revolucionárias de 1848.

Em junho daquele ano, no exato momento em que os operários combatiam nas barricadas parisienses, enfrentando em desigualdade as tropas oficiais, Comte publicou o *Discurso sobre o conjunto do positivismo*. Essa obra apresenta a síntese da teoria positivista do ponto de vista de sua "eficiência popular", de sua "influência feminina", de sua "atitude estética", finalizada pela primeira exposição da teoria da Religião da Humanidade. O espírito positivo se manifestaria, segundo Comte, como *resignação espiritual*, atitude pregada e sacralizada por uma nova religião, a Religião da Humanidade.

Também datado de 1848, o *Manifesto comunista*, de Karl Marx e Frederich Engels, caminha em sentido oposto ao da teoria comteana, conclamando os operários de todo o mundo a se unirem pela revolução transformadora da sociedade capitalista. Ao contrário do *Discurso sobre o conjunto do positivismo*, obra que, desde o século XIX, tem permaneceu esquecida, o *Manifesto comunista*, a partir de então, foi divulgado em incontáveis edições na maioria das línguas.

PÃO SECO E MISTICISMO

A nova religião, criada por Augusto Comte, colocava a Humanidade no lugar de Deus, sendo que seus dogmas não teriam origem em revelações divinas, mas em supostas verdades sociológicas. Seria a religião do futuro, segundo seu idealizador. Quando todos — operários, mulheres, artistas — se convertessem, com sólida fé, àqueles dogmas morais, a questão social seria enfim solucionada, acreditava o fundador Comte.

A moral religiosa positivista está composta por imperativos categóricos, ou seja, por um conjunto de deveres, acima de qualquer discussão, de *obediência* aos superiores em inteligência (as elites científicas) e aos proprietários da riqueza social (o "patriciado industrial"). A religião da "ponderada resignação", para usarmos uma expressão de Comte, também recomenda o culto aos grandes heróis, cientistas, poetas, filósofos do passado e do presente, a serem santificados nos altares das igrejas positivistas de todo o mundo.

Comte morreu em 1857, como filósofo obscuro e desconhecido, embora cercado por discípulos, muitos deles intelectuais e cientistas que produziram obras importantes, e mesmo alguns operários. Durante o período que vai de 1848 até sua morte dedicou-se completamente à implantação da Religião da Humanidade. Tudo o que fez e escreveu naquele período esteve voltado para tal objetivo. Conta-se que tinha uma figura um tanto patética. Um discípulo que conheceu o filósofo positivista na época da velhice assim o descreveu: "Evocava-me uma dessas pinturas da Idade Média que representam São Francisco unido à pobreza. Havia em seus traços uma ternura que poderíamos dizer que era mais ideal que real. Através de seus olhos semicerrados transbordava uma tal bondade de alma, que nos víamos tentados a perguntar se não ultrapassava sua inteligência".

Conta-se, entre outras coisas, que costumava comer pão seco a fim de pensar nos infelizes que morrem de fome; de manhã alimentava-se com um pouco de leite e, à noite, com um pouco de carne e legumes. Declarou herdeiros de seus poucos bens, para usufruto em vida, Sophie Bliot e seus familiares. Sophie foi sua empregada doméstica.

Como papa da Religião da Humanidade (que reproduzia os rituais da Igreja Católica), Augusto Comte batizou, crismou, casou, deu extrema-unção aos adeptos da fé positivista. Acreditava-se imortal e santo, ao lado de santa Clotilde de Vaux, a nova Virgem Maria.

CRONOLOGIA

1798 Nasce Isidore-Auguste-Marie-François-Xavier Comte, em Montpellier, cidade do sul da França, filho de Louis Comte, fiscal de impostos, e de Rosalie Boyer.

1806 Como interno, entra para o Liceu de Montpellier.

1812 Inicia o estudo das ciências sob a orientação de Daniel Encontre.

1814 Deixa Montpellier para ingressar na Escola Politécnica de Paris.

1816 A Escola Politécnica é fechada, sob suspeita de republicanismo e bonapartismo. De volta a Montpellier, Comte freqüenta a faculdade de medicina e escreve *Minhas reflexões*. No final do ano retorna a Paris.

1817 Conhece Henri de Saint-Simon, torna-se seu secretário e redige o terceiro volume de *A indústria*.

1818 Escreve *Ensaios sobre alguns pontos da filosofia da matemática* e traduz do inglês *Análise geométrica*, de John Leslie.

1819 Publica no periódico saint-simoniano *O político* artigos sobre o orçamento e também sobre a liberdade de imprensa. No periódico *O censor europeu* aparece "Separação entre as opiniões e os desejos". Esse é um dos artigos que será reeditado pelo próprio Comte em 1854, sob o título *Opúsculos de filosofia social*.

1820 No periódico saint-simoniano *O organizador*, publica "Sumária apreciação do conjunto do passado moderno", igualmente reproduzido nos *Opúsculos* em 1854.

1822 Ainda como colaborador de Saint-Simon publica "Prospectus dos trabalhos científicos para reorganizar a sociedade", que ficou conhecido como "Plano dos trabalhos necessários para reorganizar a sociedade".

1824 Ruptura definitiva com Saint-Simon.

1825 Casa-se com Caroline Massin, 22 anos, operária parisiense. Publica no periódico saint-simoniano *O produtor* "Considerações filosóficas sobre as ciências e os sábios" e "Considerações sobre o poder espiritual" (1825-1826), que mais tarde irão também integrar os *Opúsculos de filosofia social*.

1826 Em seu apartamento na rua do Faubourg-Montmartre, abre um curso sobre filosofia positiva, suspenso logo depois. É internado na casa de saúde do Dr. Esquirol. No final do ano realiza-se o casamento religioso de Comte e Caroline, a pedido de Rosalie Boyer.

1827 Tentativa de suicídio, jogando-se do alto da ponte das Artes, no Rio Sena.

1828 Publica no *Jornal de Paris* "Exame do tratado de Broussais sobre a irritação" (reproduzido nos *Opúsculos de filosofia social*).

1829 Prossegue o curso de filosofia positiva, na rua Saint-Jacques.

1830 O *Curso de filosofia positiva* começa a ser publicado, em fascículos. Os seis volumes desta obra aparecerem de 1830 a 1842.

1830 Insurreição em Paris, conhecida como Revolução de Julho, coloca a classe operária em evidência. Comte percebe a "urgência educativa", participa da fundação da Associação Politécnica para a Instrução Popular e propõe um curso de astronomia para os operários (que perdura por 18 anos, ou seja, até 1848).

1832 É nomeado repetidor de análise transcendente e de mecânica racional na Escola Politécnica.

1836 Nomeado examinador de admissão da Escola Politécnica.

1841 Inicia-se a correspondência entre Comte e John Stuart Mill, que perdura até 1846.

1842 Separa-se de Caroline Massin.

1843 Publica o *Tratado elementar de geometria analítica*.

1844 Publica o *Tratado filosófico de astronomia popular*, que contém a totalidade do curso popular, desde 1830. Esta obra é precedida pelo *Discurso sobre o espírito positivo*. Em *O national*, Emile Littré escreve elogiosamente a respeito do *Curso de filosofia positiva*. Comte conhece Clotilde de Vaux.

1845 O "ano sem igual" termina em 5 de abril de 1846, com a morte trágica de Clotilde.

1847 Proclama a Religião da Humanidade, concentra-se no ensino popular de astronomia.

1848 Revolução de Fevereiro. Comte funda a Associação Livre para a Instrução Positiva do Povo em todo o Ocidente Europeu, sendo que a primeira reunião da Sociedade Positivista é realizada em 12 de março.

1849 Publica o célebre *Calendário positivista*. No Palais-Cardinal Comte inicia um Curso filosófico sobre a história geral da humanidade, que substitui o curso popular e permanece até 1854. Ainda se dirige aos proletários, agora não mais para instruí-los, mas para "convertê-los".

1851 Os quatro volumes do *Sistema de política positiva* (ou Tratado de sociologia instituindo a Religião da Humanidade) são publicados de 1851 a 1854.

1852 Publica o *Catecismo positivista*; ou Sumária exposição da religião universal, concebido desde 1849.

1855 Escreve *Apelo aos conservadores*, dirigindo-se aos governantes e explicando-lhes as condições essenciais para a instauração do "estado positivista". Compõe o *Testamento*, contendo uma "Adição secreta" sobre aventuras amorosas de Caroline Massin, acompanhado da sua correspondência amorosa com Clotilde.

1856 Escreve *Síntese subjetiva* (ou Sistema universal das concepções próprias do estado normal da humanidade), primeiro tomo de uma enciclopédia, de dez volumes, que apresentaria o conjunto do sistema positivista de uma perspectiva rigorosamente antropológica e subjetiva, isto é, centrada nos valores próprios ao homem e à humanidade.

1857 Morre Augusto Comte, no seu apartamento na rua Monsieur-le-Prince, cercado por Sophie, sua fiel doméstica e "filha adotiva", com seu marido e filhos, além de alguns discípulos.

2 A gênese da *física social*

NO CAMPO DA CRÍTICA SAINT-SIMONIANA

Como vimos, na época dos chamados escritos de juventude, de 1816 a 1822, Comte ainda não tinha desenvolvido a sociologia, não existindo propriamente a filosofia positivista que lhe fornece o fundamento. Contudo desde aqueles anos, quando cursava a Escola Politécnica, inquietações sociais e políticas dominaram o jovem Comte. Assim é que os textos do estudante politécnico Comte estão centrados em questões de economia política, com grande influência das idéias de Adam Smith, que tinha criado esta ciência no início da Revolução Industrial, nas últimas décadas do século XVIII.

O jovem Comte leu a obra de Adam Smith e se entusiasmou. Afinal, as suas análises econômicas, de maneira inédita, procuravam desvelar as novas relações de produção — as relações industriais, como eram então demoninadas — que tinham se originado do desenvolvimento da manufatura capitalista. Em co-autoria com o mestre Henri de Saint-Simon, em 1817 Comte escreveu o seu primeiro ensaio teórico, intitulado *A indústria*, sob inspiração do modelo de análise da economia política, mas ao mesmo tempo apresentando críticas severas à ciência smithiana.

Em *A indústria* defende que o surgimento de uma forma nova de produção — a produção industrial — seria a característica mais importante das sociedades modernas. Este novo modo de produção teria revolucionado a sociedade como um todo, mudado profundamente a forma de se obter a riqueza. Segundo Comte, no passado, na Idade Média sobretudo, em geral a riqueza era obtida por meio da guerra. Na sociedade moderna se impunha a forma *pacífica* de obtenção da riqueza. Essa sociedade, portanto, poderia ser chamada de *industrial*: tudo giraria em torno da produção industrial, tudo se direcionaria para a indústria. Aliás, a frase estampada na capa do periódico *A indústria* exprime sinteticamente a sua reflexão fundamental: "Tudo para a indústria, tudo por ela". Portanto, a teoria social moderna deveria estar centrada nas questões relativas à sociedade industrial.

Ainda sob a influência de Saint-Simon, Comte sustentava, em *A indústria* que para se pensar as questões da sociedade industrial, nada melhor do que recorrer aos ensinamentos da economia política. Esta ciência teria desenvolvido conceitos fundamentais para a compreensão da sociedade industrial. Desde Smith, explica-nos o próprio Comte, os economistas vinham estudando a questão da divisão do trabalho e suas implicações, o problema da concorrência entre os trabalhadores, como produzir mais pelo menor preço e quais os arranjos financeiros mais adequados, além de outras questões essenciais relativas à sociedade industrial.

Porém Comte aponta também os erros da economia política. A ciência econômica seria um saber unicamente a serviço dos *interesses privados*. As categorias econômicas não estariam fundadas em uma "filosofia da produção", ou seja, em uma *doutrina da necessária destinação social da riqueza*, ainda que adequadas para a descrição da sociedade industrial, em diversos aspectos.

Como podemos ver em *A indústria*, inspirando-se na doutrina de Saint-Simon, Comte se coloca na mesma perspectiva da teoria socialista posterior, em particular a do próprio Marx em *O capital*, que expressivamente leva o seguinte subtítulo: Crítica à economia política. Aliás, não só Marx, mas parcela significativa dos socialistas do começo do século XIX apoiaram-se *criticamente* na economia política. Neste sentido, conceitos meramente descritivos da realidade econômico-capitalista se transformaram em armas para denunciar a exploração e a dominação burguesa sobre a classe trabalhadora. Os modernos socialistas, como disse certa vez Engels, voltaram a ciência econômica burguesa contra a dominação econômica concreta da própria burguesia.

A indústria prenuncia a crítica socialista posterior também quando aponta outra fraqueza teórica da economia política, ou seja, a ausência total da reflexão histórica. Sob influência de Saint-Simon, Comte mostra que a economia política se limitava a pensar o que está dado — "os fatos" —, sem se preocupar com as potencialidades do ser presente da sociedade, aquelas que, se desenvolvidas, levariam a uma sociedade mais rica, do ponto de vista da maioria, produzindo menos "objetos de luxo" e mais "objetos úteis". Os socialistas posteriores irão aprofundar amplamente as críticas apenas esboçadas em *A indústria*.

Diante dessas reflexões, seria certo dizer que Augusto Comte foi autor, na juventude, de um texto socialista? De algum modo, a gênese da sociologia esteve vinculada ao então nascente pensamento socialista-revolucionário? Realmente, como veremos a seguir, se existem certas proximidades teóricas entre *A indústria* e a doutrina socialista posterior, ao mesmo tempo, paradoxalmente um verdadeiro abismo teórico as separa.

CONTRADIÇÃO OU CONCILIAÇÃO ENTRE AS CLASSES SOCIAIS?

Em *A indústria*, ainda seguindo o ideário saint-simoniano, Comte desenvolve reflexões, bastante reveladoras, a respeito das classes sociais modernas.

Segundo a teoria saint-simoniana (adotada por Comte), "sociedade" e "indústria" deveriam ser consideradas palavras sinônimas. Desde o fim da Idade Média, não era mais possível, escreve Comte, pensar a sociedade separada da indústria, sendo que somente poderiam ser considerados membros da sociedade ou cidadãos *aqueles que produzem*, ou seja, os trabalhadores industriais. Portanto, toda pessoa que nada produz está fora da sociedade, devendo mesmo ser considerada seu inimigo.

Da identidade entre sociedade e indústria seria possível deduzir uma nova concepção da política, ou seja: a sociedade moderna deveria ser organizada de tal modo que assegurasse os direitos dos industriais, acima de quaisquer direitos. Em outras palavras, segundo Comte e Saint-Simon seria urgente que se efetivasse um novo acordo social, desta feita como pacto político entre os produtores industriais.

Tais reflexões políticas de A indústria nos levam a algumas interrogações importantes. Qual seria o exato significado da expressão "classe industrial"? Segundo este texto, de fato, pertencem à classe industrial, ou seja, são industriais, todos os que trabalham, não importando absolutamente que uns sejam empreendedores e outros simples operários. Ao pensar em uma *única* classe industrial, Comte parece não ter considerado que, no século XIX, interesses opostos atravessavam e determinavam as relações sociais. Realmente, segundo *A indústria* a classe industrial estaria unida pelo objetivo comum de acabar com a "classe dos ociosos", isto é, os que vivem do trabalho de outros, sem nada produzir. Essa classe seria formada pelos remanescentes da antiga nobreza, que no século XIX continuaria a "consumir sem nada produzir". Contudo parece compreensível que Comte e Saint-Simon tenham sustentado a *não-contradição* de interesses entre as classes. Na época da redação de *A indústria*, não se haviam desfeito por completo as crenças nas promessas burguesas de uma sociedade fundada na liberdade e na igualdade universais. Assim, naquelas décadas iniciais do século XIX, em certo sentido, o conceito saint-simoniano de classe industrial, utilizado por Comte, tinha certa consistência.

> Desde o início da Revolução Francesa, já vinham se manifestando os limites burgueses da liberdade e da igualdade conquistadas. Porém foi somente depois de 1830, portanto com a chamada Revolução de Julho, que na França, mas também em outros países do mundo, a classe proletária começou a se organizar de forma independente e a lutar para a concretização universal dos direitos democráticos. Étienne Cabet (1788-1856) escreveu em

sua obra *Viagem a Ícara*: "As desordens e a miséria que são engendradas pelo individualismo, encaminham-nos ao socialismo". Cabet referia-se à Constituição burguesa de 1789, que assegurava que todos os indivíduos nascem livres e iguais em direitos. Porém a democracia dos direitos individuais burgueses, desde 1789, tivera conseqüências desastrosas para a classe operária: miséria, desemprego, condições precárias de moradia, e outros problemas vinculados ao progresso capitalista. Ainda assim, até a Revolução de Julho de 1848, a classe operária tinha lutado ao lado da burguesia, contra a monarquia.

Anos mais tarde, tendo negado as idéias de juventude, Augusto Comte passa a preconizar a conciliação — "Ordem" — entre as classes, ao mesmo tempo que outros discípulos de Saint-Simon seguem rumo oposto, aprofundando a doutrina do mestre no sentido de uma teoria de transformação socialista da sociedade. Depois da morte de Saint-Simon em 1825, alguns de seguidores mais radicais passam a sustentar, no jornal *O produtor*, a existência de um real antagonismo entre as classes industriais. Prenunciando as reflexões de Marx, o economista saint-simoniano Barthélemy Prosper Enfantin (1796-1864) pensava que os capitalistas são aqueles que têm a propriedade privada dos instrumentos de trabalho (capitais e terra), sendo que os operários nada possuiriam senão o direito de "vender o seu trabalho ao menor preço".

Mas os saint-simonianos não acreditavam que a contradição entre as classes pudesse resultar na negação e no desaparecimento da classe burguesa pela ação política das massas proletárias. Ao contrário, os seguidores socialistas da doutrina saint-simoniana pregaram a conciliação entre as classes sociais. A esse respeito, é bem ilustrativa a sua participação nos acontecimentos da grande insurreição operária de novembro de 1831, em Lyon. Apesar da sua pregação doutrinária ter feito novos adeptos entre os operários lioneses, os saint-simonianos ficaram indecisos entre o apoio aos fabricantes ou aos trabalhadores, durante essa longa insurreição.

Assim mesmo, a doutrina saint-simonina acabou por influenciar profundamente o movimento socialista, embora particularmente entre os operários logo se tenha desfeito o mito dos "monges vermelhos". Pouco a pouco, a Escola saint-simoniana transformou-se em uma espécie de seita, que pregava a moralização das relações industriais como panacéia para os males sociais. Abandonou-se o projeto originário de transformação da sociedade, e ao menos desse ponto de vista o socialismo utópico saint-simoniano acabou por coincidir com a sociologia comteana.

De qualquer modo, *A indústria* desenvolveu teses prenunciadoras do socialismo. Como podemos ler neste texto polêmico, o poder político não pode ser pensado como instância separada da vida econômica da sociedade. Qual deveria ser a finalidade da política?, pergunta-se em *A indústria*. A finalidade da política deveria ser dar a conhecer os meios necessários para impedir que a produção fosse perturbada, e para isso os governos são instituídos. Em outras palavras, o governo de uma sociedade tem como única tarefa política o *planejamento* da totalidade da produção dos bens materiais dos quais necessita determinada sociedade.

Já no ano seguinte à publicação de *A indústria*, Comte escreveu duas cartas teóricas a Saint-Simon que revelam significativas divergências com aquele texto inaugural. Nas "cartas anônimas" de 1818, esclarece que não faz críticas significativas à economia política, muito pelo contrário, considera a ciência smithiana digna da maior admiração. Ao contrário, pensava que a teoria social moderna deveria calcar as suas próprias reflexões e desenvolvimentos no modelo smithiano.

Como vemos, desde cedo Comte recusou paradigmas teóricos que o levassem à crítica da sociedade burguesa (mesmo que fosse a frágil crítica saint-simoniana). Lembremos que a palavra grega *paradeigma*, que deriva do verbo *paradeiknumi* ("mostrar ao lado de"), pode ser traduzida como "modelo", ou seja, "o que se mostra ao lado de". Portanto, podemos dizer que Comte abandonou o paradigma saint-simoniano substituindo-o por outro, o da economia política. Fundada em observações econômico-industriais (produção, troca de mercadorias, preço etc.), a economia política representaria o tipo ideal de ciência da sociedade.

A ECONOMIA POLÍTICA COMO PARADIGMA ÚNICO

Afastando-se definitivamente da crítica esboçada em *A indústria*, afastando-se de seu próprio mestre Saint-Simon, o jovem Comte dedicou-se ao estudo da economia política smithiana, chegando a escrever sobre a possibilidade de teoria social ser reduzida às categorias econômicas liberais.

Como se sabe, Adam Smith procurou demonstrar que "a riqueza das nações" decorreria fundamentalmente do trabalho dos homens, ou da soma do trabalho de determinado país, totalidade que chamou de "trabalho social". Mas, como bem observa Rosa Luxemburgo (1870-1919), em *O que é a economia política?*, quando Smith diz "trabalhador", de fato refere-se, exclusivamente ao trabalhor assalariado capitalista. Na verdade, para o fundador da economia política, quanto maior a massa de trabalhadores assalariados, comandados pelo capital nas fábricas, e quanto maior a divisão de trabalho entre eles, maior o lucro dos empresários capitalistas, maior a riqueza das nações. Portanto, como comenta Rosa Luxemburgo, a riqueza de uma sociedade tem, no caso da economia política smithiana, uma medida única, ou seja, o grau de exploração da força de trabalho assalariada.

A mais importante obra de Adam Smith, intitulada *A riqueza das nações* (Investigação sobre sua natureza e suas causas), começa com um estudo a respeito da divisão do trabalho tal como ocorria nas manufaturas capitalistas do século XVIII. O objetivo é pensar formas de torná-la "mais racional", ou seja, pode-se dizer que economia política foi pensada inicialmente como ciência do aperfeiçoamento do sistema de produção capitalista.

Em escritos imediatamente posteriores ao *A indústria*, Augusto Comte, praticamente sem restrições, deixa-se levar pelas idéias smithianas. As análises feitas pela economia política, escreveu então o jovem filósofo, seriam suficientes para a teoria da sociedade industrial. Tal identificação da economia política com a teoria social moderna aparece sobretudo em dois artigos intitulados "Do orçamento".

No primeiro daqueles artigos Comte começa com reflexões a respeito do pensamento político, desde a Grécia antiga até o século XIX. A ciência política, segundo ele, teria se equivocado quando, através dos séculos da história ocidental, limitou-se a discutir a melhor forma de governo para a sociedade, se a democracia, a aristocracia ou a monarquia. Esta inútil polêmica, que teria começado com Aristóteles, deveria ser abandonada. Na verdade, o melhor governo possível seria aquele que empregasse bem a riqueza do país, isto é, em proveito "dos governados", ao invés de manter privilégios "dos governantes", como teria sido a regra desde a Grécia antiga.

Nos artigos "Do orçamento" Comte lembra que desde o fim da Idade Média, com o desaparecimento da servidão e com a emancipação das comunas, as relações sociais entre governantes e governados eram de "natureza econômica". A maioria da sociedade só tomaria consciência da existência de seus governantes ao pagar impostos, e estes estariam em completa dependência dos governados. Sem os impostos pagos pelos governados nenhum governo executaria seus projetos políticos. Até mesmo os gastos pessoais dos governantes, escreve Comte, dependem dos impostos pagos pela população: "[...] é a nação que os alimenta, que os veste, que lhes dá bonitos palácios e equipamentos de caça". Assim sendo, sem vacilações, seria possível afirmar que "o imposto é o sangue do corpo social".

Segundo Comte, faltavam totalmente discussões sobre a melhor distribuição da riqueza gerada pela arrecadação dos impostos, de tal modo que os governados levassem sempre a maior e a melhor parte. Desse ponto de vista, a teoria política não deveria ter como finalidade descobrir a melhor forma de governo, como se tinha acreditado desde a Antigüidade. Na época moderna, os pensadores políticos deveriam dedicar-se a pesquisas e estudos do melhor *orçamento* das nações.

Os erros da teoria política tradicional, prossegue Comte, poderiam ser facilmente explicados. Antes da época moderna, os pensadores não tiveram conhecimento das categorias científicas da economia política, assim sendo, era praticamente impossível conhecer rigorosamente realidades como: a divisão do trabalho, o orçamento de uma nação, a função dos imposto etc. Em síntese, foi preciso esperar o século XVIII e a fundação smithiana da economia política, para que soluções pudessem ser pensadas e o emprego racional da riqueza, a mais importante de todas as questões sociais do século XIX, pudesse ser concretizado.

Nos ensaios "Do orçamento", Comte finaliza afirmando que a economia política era a mais importante das ciências sociais. A identificação absoluta entre a economia política e a teoria social será aprofundada em outros textos da mesma época. Ainda em 1819, Comte tornou-se colaborador do periódico liberal *O censor*, em cujas páginas defendeu abertamente as teses político-liberais do Estado mínimo ("a função dos governantes não é produzir, mas proteger a produção") e "a ciência do interesse privado", a economia política.

Aliás, é significativo que Augusto Comte, pela primeira vez, tenha assinado, com o próprio nome, artigos e resenhas de *O censor*, ao invés de esconder sua verdadeira identidade sob pseudônimos diversos, como fora a regra até então. Como já se comentou, "parece que Augusto Comte não teve, no exercício de seu ofício, nenhum constrangimento em defender a tese liberal"[1]. Também em outros escritos de 1819, ou seja, em alguns artigos sobre a liberdade de imprensa, repetiu sempre a mesma fórmula: a teoria social moderna deveria tomar a economia política como paradigma.

Ainda em 1819, começou a se desenhar a ruptura com o modelo smithiano. Em fragmentos inacabados, conhecidos como *Opúsculos relativos à fundação da ciência social*, Comte ensaiou de modo original a fundação da ciência social positivista. Contudo, antes de chegar à concepção da *física social*, teria de percorrer ainda um longo caminho teórico.

---

[1] O comentário é de Roger Mauduit, autor de uma obra especificamente voltada para as relações entre o pensamento de Comte e a economia política: *Auguste Comte et la science économique [Augusto Comte e a ciência econômica]*, Paris, Félix Alcan, 1929, p. 9.

SOBRE A HISTÓRIA ESPIRITUAL DA HUMANIDADE

A partir de 1819 Augusto Comte começou a reformular, ainda uma vez mais, aquelas que parecem ter sido firmes convicções nos anos subseqüentes ao afastamento de Saint-Simon. Um dos marcos mais importantes dessas mudanças teóricas é o seu artigo "Considerações sobre o poder espiritual", no qual defende que o pensamento social somente obteria o estatuto de *ciência positiva* quando se fundamentasse nas categorias da ciência da história.

A mudança de paradigma, o abandono da economia política como modelo, não significava contudo um retorno às reflexões de *A indústria*. Muito pelo contrário, o novo caminho teórico estava ainda mais distante das teses críticas, desenvolvidas sob a influência de Henri de Saint-Simon. Lembremos que em *A indústria*, Comte se posicionara contra certas concepções da economia política, em defesa do ideário saint-simoniano, de certo modo identificado às aspirações socialistas de transfomação social. Agora, anos depois, realizaria outra crítica à economia política, mas dessa feita em direção oposta, tendo como horizonte as aspirações de conservação da ordem social do século XIX.

Aliás, o título "Considerações sobre o poder espiritual" por si só manifesta que importantes mudanças haviam ocorrido no percurso teórico anterior. Como vimos, até então Comte empregara tempo e inteligência refletindo sobre questões sociais bem concretas, como divisão do trabalho, imposto, orçamento. Como tais reflexões poderiam relacionar-se com a problemática do poder espiritual, tema do artigo de 1826? Na verdade, neste escrito a economia política ainda permanece como centro das preocupações comteanas, mas, desta feita, submetida à intransigente "crítica positivista".

Em "Considerações sobre o poder espiritual" privilegia-se, como ponto de partida da reflexão, a *história* das sociedades, em vez da *economia* (modo de se obter a riqueza material). As preocupações históricas se restringem a uma época determinada que começaria, segundo Comte, com a Idade Média[2]. Por que exatamente a Idade Média é privilegiada? Essa época histórica, do ponto de vista do positivismo, seria o modelo político perfeito para a Idade Moderna. Durante os séculos medievais, teria se desenvolvido um tipo de organização social superior a todos os existentes até então na história da humanidade. Ora, a Idade Moderna[3] deveria se inspirar naquele modelo social, acima de tudo na divisão medieval do poder político em poder temporal e poder espiritual.

---

[2] De acordo com a datação positivista, a Idade Média compreende a história do Ocidente que se estende do século V ao XIII d.C.

[3] Para o positivismo, a Idade Moderna começa com a emancipação das comunas medievais e o fim da servidão.

Para o positivismo, a sociedade medieval deveria ser pensada como um "sistema teológico e militar". Também as sociedades da Antigüidade, em particular Grécia e Roma, teriam sido teológicas (isto é, fundadas em crenças religiosas; no caso dos povos antigos, no politeísmo) e militares (isto é, seu modo de sobrevivência material dependia principalmente da guerra). Todavia na Idade Média, explica-nos Comte, o sistema teológico e militar foi aperfeiçoado absolutamente devido ao catolicismo e ao feudalismo.

A Igreja Católica apresentou então caraterísticas progressistas em relação às antigas religiões. Em primeiro lugar, porque pregava que todos os seres humanos são irmãos (diante de Deus), portanto iguais entre si, pelo menos no aspecto espiritual. Isso possibilitou, segundo Comte, um grande avanço das relações entre os diversos povos. Durante o predomínio do catolicismo medieval, os diversos países teriam permanecido reunidos em uma grande comunidade universal, e gradativamente diminuíram suas disputas, que antes pareciam intermináveis. Pouco a pouco as sociedades tinham se tornado pacíficas, do ponto de vista internacional.

O catolicismo medieval contribuiu para outro aperfeiçoamento político ainda mais fundamental. Durante o seu apogeu, isto é, entre a metade do século XI e o fim do século XIII, a doutrina moral católica se desenvolveu extraordinariamente. Devido ao seu sucesso, pela primeira vez na história da humanidade foi possível resolver aquele que teria sido, segundo o positivismo, desde o início da história, o maior problema político das sociedades humanas, ou seja, nas palavras do próprio Comte, "a eliminação da revolta e a obtenção da submissão voluntária".

A Igreja medieval era então um poder independente que se exercia exclusivamente em relação à vida espiritual dos fiéis. O poder espiritual católico governava moralmente os homens e as mulheres e, como força espiritual dominante, impunha conselhos morais, supostamente deduzidos de verdades eternas e divinas. Teria sido desse modo que, exercendo governo moral absoluto sobre a maioria da sociedade, a Igreja Católica medieval auxiliou a consolidação do poder temporal.

O que de tão importante teria ensinado a doutrina espiritual católica em relação às coisas temporais? Explica-nos Comte que pregava, como impõe o evangelho de sua fé, que nada poderia alterar os planos da Providência divina, portanto toda revolta social deveria ser descartada. Ensinava também que o poder temporal tem origem em Deus, e que portanto a submissão voluntária ao governo político seria o fundamento da conduta baseada no catolicismo.

Com tais reflexões sobre o poder espiritual, Comte pensava estar fazendo mais do que simples história de uma época social passada. Seu objetivo teórico era outro, ou seja, pretendia mostrar que o modelo de organização social da época medieval era adequado à sociedade do século XIX. Sob a inspiração do paradigma social medieval, seria possível erradicar a anarquia política que vinha revolucionando a sociedade européia desde 1789. Portanto, segundo Comte, o modelo católico medieval (poder temporal sustentado pelo espiritual) deveria ser imitado, pois se tratava de pensar e obter a ordem social permanente.

CRÍTICA POSITIVISTA À IMORALIDADE ECONÔMICA

As reflexões sobre a história espiritual da humanidade levaram Comte a repensar suas opções teóricas anteriores, realizando a "crítica positivista" à economia política. O principal ponto de discórdia evidentemente era a doutrina da liberdade defendida pelos smithianos. Em "Considerações sobre o poder espiritual", Comte afirma que os economistas acreditavam que existiria uma tendência espontânea e permanente da sociedade a certa ordem necessária. Ora, isto provava apenas que a desordem não seria o estado natural da sociedade e que portanto seria preciso organizá-la. Ao contrário dos economistas, Comte pensava que a liberdade econômica jamais produziria a almejada ordem permanente.

A doutrina dos economistas e o positivismo almejavam a conservação da ordem, mas discordavam nos meios de obtê-la. Para Comte, seria suficiente uma reforma *moral* da sociedade, para preservar as relações entre as classes do século XIX tal como existiam, além disso tornando-as mais estáveis e duradouras.

A questão das conflituosas relações entre as modernas classes sociais poderia exemplificar essa verdade positivista. Se deixadas livres, — pensava Comte — as relações entre "os operários e seus chefes" acabarariam cedo ou tarde em um enfrentamento físico, ou seja, em violência. Isto porque, necessariamente, os chefes se deixariam levar pelo desejo de abusar de sua posição para reduzir os salários e os empregos; por seu lado, os operários continuamente seriam tentados a "obter pela violência o que a vida laboriosa não lhes proporciona". Era necessária e urgente a *regulamentação moral* daquelas relações sociais fundamentais, para se colocar um termo ao antagonismo, afirma Comte em "Considerações sobre o poder espiritual". Ao contrário, a liberdade preconizada pelos economistas reforçaria a permanência do conflito, ao invés de encaminhá-los a uma saída pacífica e ordeira.

Em artigos que escreveu em 1828, reunidos sob o título *Economia política*, Comte fez novas considerações morais sobre a liberdade econômica. Condenou diversas vezes, em diferentes artigos, o célebre lema liberal *laissez faire, laissez passer*. Os governos, segundo aqueles textos de circunstância, deveriam realmente intervir na economia com a finalidade de minimizar os efeitos negativos, para os trabalhadores, da crescente utilização das máquinas na produção industrial. Mas aos economistas liberais Comte endereçou exclusivamente censuras de caráter moral: seriam "insensíveis às misérias e aos sofrimentos que a introdução das máquinas trazia aos operários", assim como teriam permanecido omissos na questão do desemprego e do cortejo de infelicidades que o acompanham.

> *Laissez faire, laissez passer* ("deixai fazer, deixai acontecer") é uma expressão que sintetiza a doutrina da liberdade econômica total, conhecida também como "liberalismo econômico". Teria sido criada no século XVIII, por François Quesnay (1694-1774), economista francês da chamada escola fisiocrata. Mas há quem a atribua a Vincent de Gournay (1712-1759), economista que propôs o fim das restrições econômicas feudais, ou seja, as corvéias, a livre circulação dos grãos etc. Foi retomada por Adam Smith, que lhe deu significação mais rigorosa e definitiva. Segundo ele, a intervenção dos governos na economia é sempre desastrosa. O Estado deveria evitar a ingerência nos negócios privados limitando-se a protegê-los, deixando que a concorrência fosse livre, sem entraves de qualquer tipo, ou proibições, ou taxações.

Como vemos, a crítica positivista à economia política está bem distante de *A indústria*. Sem dúvida, as teses saint-simonianas tinham sido superadas, sobretudo a do planejamento econômico como forma de distribuir mais equitativamente a riqueza. A crítica positivista à economia política, de caráter espiritual, começa com um apelo aos sentimentos humanitários dos economistas e se completa com o projeto de reforma moral das relações sociais.

Nos artigos sobre economia política, podemos acompanhar o projeto moral positivista em suas grandes linhas. A reforma espiritual, que deveria preservar a total liberdade econômica, tinha como objetivo último tão-somente "o controle moral de seus excessos", para usarmos as palavras do próprio Comte. Em síntese, consistiria em um plano de educação especial para os chefes de indústria, de modo a lhes propiciar uma visão de conjunto da economia. Acreditava Comte que desse modo poderiam aplicar seu capital ali onde houvesse mais necessidade, em grande parte evitando a praga do desemprego. Também seria necessário que fossem educados para não mais conceber projetos extravagantes, alimentados simplesmente por seus interesses privados.

Quanto aos operários, deveriam ser submetidos à educação popular, que consistiria basicamente no aprendizado de mais de uma profissão, para que pudessem enfrentar com menos limitações a ameaça de desemprego. Finalmente propunha-se que os governos organizassem trabalhos públicos, com o intuito de diminuir o número sempre crescente de desempregados. Comte acreditava que os economistas liberais, se instruídos pela doutrina positivista, não poderiam recusar a concretização de "medidas públicas".

Como podemos perceber, Comte modificou completamente o rumo de suas reflexões. A grande tarefa teórico-social do século XIX não seria planejar a produção industrial em proveito da maioria (tese socialista-saint-simoniana). Menos ainda, acreditava que a questão social seria resolvida com a liberdade econômica total para produzir e comerciar (tese liberal-smithiana). A partir de "Considerações sobre o poder espiritual", passaria a prevalecer a tese propriamente positivista, ou seja, da grande reforma moral das relações industriais como solução para a crise permanente da sociedade. Tais reflexões, como vimos, foram desenvolvidas sob o paradigma da história espiritual da Idade Média.

3 A fundação da *física social* ou sociologia

CONTRA A METAFÍSICA REVOLUCIONÁRIA

Naqueles mesmos anos em que meditava sobre a necessidade de superar a economia política, substituindo-a pela história espiritual, Comte publicou um texto importante, intitulado "Plano dos trabalhos necessários para reorganizar a sociedade". Redigido em 1822, contém a primeira exposição da célebre lei histórica dos três estados, além de desenvolver o projeto de fundação da *física social*. Tratava-se portanto do início da fundação da filosofia e da sociologia positivistas. Com muita razão o próprio Augusto Comte costumava se referir àquele artigo como o "opúsculo fundamental"; aliás, nome com que ficaria mais conhecido.

No "Opúsculo fundamental", a reflexão comteana se desenvolve predominantemente sob o paradigma da história. Sob tal modelo teórico, são pensadas questões epistemológicas, políticas e sociais. Como em outras filosofias do século XIX, em particular a de Hegel (1770-1831) e a de Marx, as categorias históricas são essenciais para o pensamento comteano, a partir de 1822. Contudo, enquanto que para Marx o interesse pela ciência da história vinculava-se necessariamente ao projeto de superação da sociedade capitalista, do ponto de vista do positivismo a história interessava sobretudo porque usaria o método ideal de conhecimento, ou seja, o relativista. Com estas preocupações essenciais, desenvolve-se o "Opúsculo fundamental".

Inicialmente é analisada a obra *O espírito das leis*, de Charles de Secondat, barão de Montesquieu (1689-1755). O que escrevera Montesquieu de tão fundamental para o positivismo? Segundo Comte, na época moderna aquele célebre teórico da política teria inaugurado a aplicação do método relativista ao estudo da sociedade. Teria pensado que a diversidade das leis sociais e dos costumes dos povos não se devia ao acaso. As sociedades diferem entre si, conforme se alteram "as circunstâncias físicas locais". Montesquieu chamou de *clima* o conjunto de fatores naturais que influenciam, modificam e determinam a variedade das leis sociais e dos costumes.

Para Comte, *O espírito das leis* manifestaria a crença de seu autor no *relativismo* das leis sociais. Montesquieu acreditaria que as leis sociais são relativas às circunstâncias físicas locais ou clima, enquanto que, ele próprio, Comte, pensava que seriam relativas ao estado social (teológico, metafísico ou positivo), como escreve no "Opúsculo fundamental".

Contudo algo de muito importante teria faltado às reflexões de *O espírito das leis*, segundo Comte. O autor não teria considerado o desenvolvimento natural da sociedade, em outras palavras desconhecera a existência da *história*. Esse vazio teórico teria sido finalmente superado por outro pensador do século XVIII, Marie Jean Antoine Caritat, marquês de Condorcet (1743-1794). Ao contrário de Montesquieu — podemos ler no "Opúsculo fundamental" —, Condorcet dera peso e importância decisivos aos conhecimentos históricos quando fez seus estudos sobre a sociedade. Desse ponto de vista, teria sido o verdadeiro precursor da teoria social positivista.

Explica-nos Comte que o filósofo iluminista Condorcet fora o "primeiro a ver nitidamente que a civilização está sujeita a uma marcha progressiva da qual todos os passos estão rigorosamente encadeados uns aos outros segundo leis naturais". Além disso, em vez da simples imaginação, teria utilizado o método da *observação dos fatos* para reconstruir o passado histórico.

Na verdade, no "Opúsculo fundamental" Comte se refere de modo bastante contraditório à filosofia iluminista da história, tal como havia sido concebida por Condorcet. Embora identifique a gênese do positivismo no pensamento desse filósofo, ao mesmo tempo, paradoxalmente, Comte endereça duras críticas ao seu suposto conteúdo metafísico e revolucionário.

Condorcet teria sido o primeiro a pensar que a sociedade deve ser estudada do ponto de vista histórico e que essa reconstrução do passado deve ser efetuada a partir da "observação dos fatos". Com tal método preconizado por Condorcet seria possível realmente conhecer as verdadeiras leis naturais do progresso dos povos. Comte mostra-se tão entusiasta do modelo metodológico iluminista, que em alguns momentos chega a afirmar que Condocert tinha sido seu pai espiritual. Porém, como já dissemos, ao lado dos elogios encontram-se duras críticas ao mesmo Condorcet.

O positivismo condena a inspiração político-revolucionária que transpassaria o pensamento do filósofo iluminista. Embora Condorcet tenha concebido o método ideal para o estudo da sociedade — escreve Comte — ainda assim, infelizmente, não obteve êxito em sua aplicação. Desse modo, a obra intitulada *Esboço de um quadro histórico dos progressos do espírito humano* não passaria de uma apresentação doutrinária das condenáveis opções políticas de Condorcet.

Da ótica comteana, quais teriam sido exatamente esses equívocos teóricos e políticos? A filosofia do século XVIII, da qual Condorcet era representante, teria sido um instrumento poderoso de crítica política e social; desse ponto de vista, teve uma significação importante, enquanto contribuição decisiva para a "desorganização social" (Revolução Francesa) que pôs fim ao Antigo Regime. Condorcet, como partidário da "filosofia crítica" do século XVIII, tinha se equivocado ao transformar o *Esboço de um quadro histórico dos progressos do espírito humano* em um texto de características panfletárias.

A teoria social, prossegue Comte, só alcançaria o estatuto de ciência mantendo-se neutra, limitando-se a observar os fatos, jamais deixando transparecer opções ideológico-políticas. A teoria da história não-doutrinária, portanto "positivista", em vez de pregar a revolução política, como Condorcet, deveria se preocupar com a concepção da "reforma espiritual da sociedade".

Portanto, embora Condorcet tivesse aplicado o método positivista (apropriado à teoria da reforma moral da sociedade), acabou por se contradizer quando, ao mesmo tempo, procurou defender os princípios críticos (apropriados para guiar revoluções políticas). Em outras palavras, opções políticas equivocadas teriam impedido que Condorcet aplicasse com sucesso o método positivista de conhecimento da sociedade, que paradoxalmente tinha sido de sua própria invenção.

Assim sendo, em vez de manter a mesma neutralidade com que os físicos, os químicos e outros cientistas observam os fenômenos por eles estudados, Condorcet tomou partido diante das manifestações históricas, emitindo a todo o momento, segundo o próprio Comte, frases de admiração ou de reprovação: "A admiração e a reprovação dos fenômenos devem ser banidas com igual severidade de qualquer ciência positiva, porque cada preocupação deste gênero tem por efeito direto e inevitável impedir ou alterar o exame".

Ao criticar Condorcet, o positivismo desenvolve implicitamente a primeira regra do método sociológico, ou seja, *a exigência da neutralidade diante dos fatos observados*. Na prática teórica, os cientistas sociais não deveriam seguir o exemplo oferecido pelo filósofo iluminista. A teoria social moderna — adverte Comte — renuncia ao seu estatuto de ciência quando, calcada no exemplo iluminista, pretende apresentar "durante uma longa seqüência de séculos as classes colocadas à cabeça do movimento geral como empenhadas em promover uma conspiração permanente contra a espécie humana". Esta maneira de interpretar o passado, como se fosse a história da luta entre os poderosos e o resto da sociedade, seria equivocada, segundo o positivismo. No século XIX, finaliza Comte, preocupações amplamente justificáveis com o fim das revoluções colocavam sob suspeita concepções históricas como as de Condorcet, que de modo inexorável estimulavam "uma atitude permanente de revolta dos subordinados contra seus superiores".

Como vimos, de acordo com o "Opúsculo fundamental" o positivismo deveria preservar o método inventado por Condorcet, mas desde que abstraído do suposto conteúdo político-revolucionário que transpassava a obra *Esboço histórico*. Em outras palavras, com essas reflexões críticas a respeito da filosofia da história de Condorcet, o positivismo delimitava a problemática da teoria social moderna, portanto da própria sociologia, como externa — e de certo modo indiferente — às transformações revolucionárias da sociedade e à luta entre as classes.

Realmente Condorcet teria sustentado princípios políticos tão revolucionários como supõe seu leitor Augusto Comte? Por nossa própria conta, investiguemos o conteúdo teórico e político da obra *Esboço para um quadro histórico dos progressos do espírito humano*.

A TEORIA ILUMINISTA DA REVOLUÇÃO INDEFINIDA

Em *Esboço para um quadro histórico dos progressos do espírito humano* Condorcet percorre a totalidade da história dos povos até o século XVIII. Não se trata, contudo, de simples enumeração de acontecimentos. Condorcet procura nos mostrar que o passado pode ser significativo para o presente e também nos encaminha a reflexões sobre o futuro histórico da sociedade. Portanto no *Esboço histórico* nos é oferecida sobretudo uma reflexão sobre o significado universal da história (ou filosofia da história), e não simplesmente o seu quadro factual, empírico. Condorcet pensa, além disso, que o *significado* da história deve ser procurado, de modo privilegiado, nas manifestações do "espírito humano".

Que Condorcet quis dizer exatamente com a expressão "espírito humano"? Como tantos outros filósofos do século XVIII, toma como ponto de partida de suas reflexões a teoria empirista do conhecimento (ou do entendimento humano), que tinha sido desenvolvida por John Locke (1632-1704) no *Ensaio acerca do entendimento humano*. Inspirando-se na teoria empirista, aos poucos Condorcet vai nos explicando suas próprias idéias filosóficas. Sustenta, do mesmo modo que toda a tradição empirista, que os seres humanos nascem com uma predisposição natural — a que chama de "faculdade" — de formar idéias a partir de sensações. Igualmente distribuída entre os seres humanos, a faculdade do conhecimento poderia ser aperfeiçoada indefinidamente, e esta *perfectibilidade* progressiva se manifestaria na história dos povos.

Mas exatamente como ocorrem os progressos ou a história do espírito humano? O uso da faculdade de formar idéias a partir das sensações, explica-nos Condorcet, leva a certos resultados muito concretos. Por possuir esta faculdade superior, os seres humanos desenvolveriam a linguagem, as ciências, as técnicas, a moral e a própria filosofia. Quando tomados em seu conjunto, os diversos resultados da aplicação do entendimento humano comporiam o que Condorcet chama de "quadro dos progressos do espírito humano".

Além disso, os progressos do espírito humano de determinada época, por exemplo, do século XVIII, dependeriam daquilo que foi obtido em tempo anterior, e assim sucessivamente, numa cadeia interminável que se perderia no passado mais longínquo. Para ser completo, o quadro dos progressos do espírito humano deveria tomar o ponto de vista *universal*, ou seja, como afirma Condorcet, "de todos os povos até hoje existentes".

É com tais princípios filosóficos que Condorcet elabora o seu *Esboço de um quadro histórico dos progressos do espírito humano*, selecionando na inesgotável história dos povos tudo aquilo que pudesse testemunhar os progressos da razão ou espírito humano, mas também tudo que manifestasse sua estagnação, ou mesmo sua decadência. Contudo o quadro histórico iluminista não se limita a rastrear os progressos *intelectuais*. Será também, ao mesmo tempo e de modo imanente, a história dos progressos das técnicas e das artes, mas sobretudo dos progressos *políticos*, necessariamente vinculados a todas as outras aquisições históricas dos povos. Realmente Condorcet ressalta com grande ênfase os vínculos das vicissitudes da *liberdade*, e sobretudo as da *igualdade* entre os seres humanos, com outros progressos históricos. Relaciona particularmente a história da filosofia com a questão dos *direitos políticos naturais*, liberdade e igualdade.

O *Esboço histórico* se inicia com a narrativa das épocas primitivas, quando, segundo Condorcet, o espírito humano pouco havia progredido e homens e mulheres viviam sob o peso da ignorância e do medo, em razão da absoluta falta de luzes. Nessa época imemorial — que foi a dos povos nômades, a dos povos pastores e a dos povos agricultores — homens e mulheres facilmente se deixariam submeter aos "poderes opressores, religiosos e políticos". Por causa do medo e da ignorância perderiam facilmente a liberdade e se submeteriam ao poder religioso e político, não se percebendo como iguais.

Das primeiras comunidades nômades até a época da Grécia Antiga teria predominado a opressão religiosa e política da maioria daqueles que formavam os povos existentes. Contudo, ainda que lentamente, como mostra Condorcet, foram acontecendo pequenos progressos na maneira de viver. Tomemos alguns, entre os diversos quadros históricos traçados por Condorcet, que exemplifiquem o seu próprio trabalho de recuperação das significações do passado.

Desde a primeira época, a dos povos nômades, a sociedade teria sido cindida em duas classes opostas: uma, composta de homens que se diziam depositários do saber e da religião; e outra, formada pela maioria da sociedade.

Como expressivamente escreve Condorcet, ficava a humanidade para sempre dividida entre os que sabem e os que crêem, "uma escondendo orgulhosamente o que se vangloriava de saber e a outra, recebendo com respeito o que consentiam em lhe revelar; uma, querendo se elevar acima da razão, e a outra, renunciando humildemente à sua e se colocando abaixo da humanidade, reconhecendo nos outros prerrogativas superiores à natureza comum dos homens".

Entre os povos pastores, no entanto, escreve Condorcet, uma vida mais sedentária, menos fatigante, ofereceria lazer favorável ao desenvolvimento do espírito humano. Mas aumentando a riqueza e ao mesmo tempo tornando-se cada vez mais desigual a sua distribuição, teria se aperfeiçoado e sofisticado a arte de explorar o semelhante. Segundo Condorcet, teria sido na época dos povos pastores que, pela primeira vez, alguns perceberam que o trabalho de um indivíduo jovem e bem constituído era capaz de produzir mais do que custava a sua simples sobrevivência. Em suma, Condorcet mostra a gênese histórica da apropriação da força de trabalho da maioria por uma minoria, explicando que seria uma prática que gera riqueza.

Além de mostrar que a inferioridade intelectual e a inferioridade de riqueza possuem uma gênese histórica, portanto não sendo naturais, sendo verdadeiramente naturais apenas a liberdade e igualdade entre os homens, Condorcet mostra como a distribuição desigual do poder político também teria gênese histórica. Entre os povos pastores, por necessidades nascidas da guerra, para garantir as pastagens cada tribo tinha um chefe, e quase por toda parte o poder vinculava-se exclusivamente a certas famílias com numerosos rebanhos, muitos escravos e que empregavam grande número de cidadãos mais pobres. Estava assim formada a base originária da divisão desigual de poder na sociedade, sendo que desde o princípio o poder político esteve vinculado à maior riqueza ou ao direito à propriedade.

Deste modo Condorcet vai revelando, a cada momento de sua reflexão histórica, os vínculos possíveis entre os progressos de todo tipo e a sempre problemática questão da liberdade e da igualdade. Ressaltando além disso que as diferenças políticas e sociais não seriam obra de uma natureza imutável e de suas leis insuperáveis, mas sim resultado dos pensamentos e das ações dos próprios seres humanos e da história feita por eles próprios.

Na Grécia Antiga teria sido inaugurada — segundo Condorcet — uma nova era da história, que apontou para o restabelecimento dos direitos naturais. Os gregos teriam superado a opressão política e religiosa, que até então se apresentara com ares de verdadeira fatalidade, e restabelecido a liberdade como valor universal.

Por outro lado, com a invenção da escrita, escreve Condorcet, teria se tornado possível multiplicar as luzes da razão bem rapidamente. Contudo no Oriente, na China em particular, a arte de escrever foi usada contra a igualdade. Só quando levada à Grécia a escrita ganhou significação realmente progressiva, sendo empregada para abrir "as rotas da verdade", tornando o povo grego "benfeitor de todas as nações, de todos os tempos".

Incansavelmente Condorcet nos oferece paralelos históricos e filosóficos entre as magníficas realizações da Grécia e as de seu próprio tempo, o século XVIII. Como outros filósofos do Iluminismo, na verdade, retorna à Grécia para consagrá-la como modelo de sociedade, fundada na razão. Segundo ele, a filosofia originária, criada pelos gregos, inspiraria pensamentos relativos ao direito natural dos homens à liberdade e à igualdade. Tanto a sociedade grega como aquela advinda da Revolução Francesa se aproximariam de uma suposta perfeição social natural. Uma e outra realizariam, em larga medida, o restabelecimento do direito natural.

Entre os gregos, contudo, apesar de todos os progressos da liberdade, os direitos naturais não tinham validade universal já que as suas instituições sociais e políticas supunham a existência de escravos. Ao contrário, no século XVIII seria perfeitamente possível, graças aos progressos da filosofia, das ciências e das técnicas, supor uma sociedade segundo a razão e somente de acordo com o direito natural, ao mesmo tempo livre e igualitária.

Depois de traçar o quadro da Grécia "magnífica e livre", Condorcet descreve o período da história que, começando por Roma Antiga e terminando com o Renascimento, apresenta uma contínua e desalentadora decadência. Uma noite imensa teria caído sobre o mundo civilizado durante a Idade Média, que Condorcet chama de "séculos das trevas", evidentemente para contrastar com o século XVIII, que denomina "época das luzes". Como podemos notar, ao contrário de Comte o filósofo iluminista via a Idade Média como modelo social a ser evitado. O cristianismo, que se expandiu durante aquela época, deveria ser lembrado pelos obstáculos que colocou aos progressos do espírito humano, ou seja: "desprezo pelas ciências humanas", "temor da dúvida e do exame", censura às ciências da natureza, que abalavam a crença nos milagres. Nestes "séculos grosseiros", a única contribuição grandiosa introduzida pelo cristianismo foi a abolição da escravidão doméstica, que como comenta Condorcet "tinha desonrado os belos tempos da Grécia, sábia e livre".

Teria sido necessário que o árabes reintroduzissem as ciências e a filosofia no Ocidente para que se desfizessem as trevas de tantos séculos. Mas o renascimento das luzes apenas ganhou plena significação com a invenção da imprensa[1], que segundo Condorcet teria permitido multiplicar infinitamente as cópias de livros, dividindo entre um número cada vez maior de pessoas conhecimentos e reflexões, antes propriedade de poucos. Portanto, ao invés da concentração do saber nas mãos do poder espiritual (projeto positivista para a sociedade moderna), a teoria iluminista condorceniana exige o acesso democrático aos conhecimentos.

Como pudemos ver até aqui, desde o início da descrição das primeiras épocas Condorcet vai explicitando aquela que, de seu ponto de vista, seria a contradição fundamental, ou seja, a existência do progresso espiritual lado a lado do persistente progresso da desigualdade entre os homens. Esta contradição está já nos quadros, diversos entre si, dos povos primitivos, da Grécia Antiga, da Idade Média e reaparecerá, como veremos a seguir, até mesmo nos quadros que o filósofo iluminista oferece-nos da "maturidade dos povos", atingida no século XVIII, com a Revolução Francesa.

Segundo Condorcet, desde o fim da Idade Média o espírito humano vinha manifestando progressos admiráveis, com a filosofia de Descartes (que disse aos homens que "sacudissem o jugo da autoridade" e estimulou a razão a reivindicar seus próprios direitos), de Locke (que em certo sentido superando Descartes ensinou que a própria razão, enquanto faculdade de conhecer, tem limites que devemos conhecer e respeitar), e de Leibniz (que permitiu à filosofia finalmente compreender que o universo se compõe de seres simples e indestrutíveis, iguais entre si por natureza). Enfim, chegada à época moderna, do século XVII em diante a filosofia teria preparado os instrumentos críticos para o enfrentamento da "classe dos reis e dos padres", combatendo as verdades dogmáticas da Igreja e o poder absoluto dos reis.

Aliás, Condorcet acreditava que a filosofia do seu século tinha tão-somente a missão de propagar a razão entre os povos. Com o advento da Revolução Francesa, em 1789, as luzes da razão filosófica distribuídas amplamente teriam possibilitado, nas palavras de Condorcet, que os franceses "rompessem seus grilhões, outorgando a si próprios a constituição e as leis que acreditavam ser convenientes para a sua felicidade". Teria sido inaugurada em 1789 "a época feliz da inteira liberdade", escreve Condorcet no seu *Esboço histórico*.

Em síntese, a história passada teria uma significação essencial a ser recuperada. De revolução em revolução, de acréscimo em acréscimo das luzes, de grandes perdas e ganhos bem pequenos de igualdade entre os seres humanos e

---

[1] Condorcet se refere ao alemão Johannes Gensfleisch (mais ou menos 1397-1468), conhecido como Gutenberg, que tinha construído por volta de 1440 a máquina de imprimir com caracteres móveis, ou seja, a tipografia.

de sua liberdade, desde o tempos primitivos a história dos povos teria preparado o terreno de uma nova sociedade, fundada unicamente no direito natural.

Porém a obra *Esboço histórico* não termina apenas com elogios irrestritos à Revolução Francesa. Tendo participado ativamente das experiências revolucionárias de 1789 em diante, Condorcet pensa que seria necessário aprofundá-las ainda mais. Segundo escreve, havia contradições entre os direitos proclamados como universais e a realidade vivida cotidianamente pela maioria dos homens. Em um capítulo final do *Esboço de um quadro histórico dos progressos do espírito humano* esta reflexão crítica aparece na forma de uma utopia social.

Na utopia futura Condorcet enfatiza sobretudo a igualdade social, e preocupa-se essencialmente em refletir a respeito da situação daqueles que, segundo suas palavras, "formam verdadeiramente a espécie humana", ou seja, "a maioria das famílias que subsiste quase que de modo exclusivo do seu próprio trabalho". Sendo esta a parte da história "mais obscura e a mais negligenciada", Condorcet trata de recuperá-la considerando esta tarefa o "verdadeiro objetivo da filosofia". Ao descrever a sociedade utópica do futuro, Condorcet pensa na realização futura de três metas fundamentais: *1)* destruição da desigualdade entre as nações; *2)* progressos da igualdade em um mesmo povo; *3)* aperfeiçoamento do homem real.

Em geral os filósofos do século XVIII acreditaram que a igualdade seria um direito natural de todos os seres humanos, indistintamente. Como diziam: a igualdade faz parte da natureza originária dos seres humanos qualquer que seja a raça, a idade ou o sexo. Contudo existe uma diferença fundamental entre o pensamento daqueles filósofos e as idéias de Condorcet, que aliás ficou conhecido como "o último dos filósofos iluministas". Na célebre *Encyclopédie* de Diderot e d'Alembert, para a qual contribuíram expressivos pensadores do século XVIII, no verbete "igualdade natural" encontra-se a seguinte definição: "igualdade natural (direito natural) é aquela que existe entre todos os homens unicamente devido à sua constituição natural". Contudo Louis Jaucourt (1704-1780), autor deste verbete, expressando o pensamento mais comum dos filósofos iluministas, explica logo a seguir que isso não significa que, na vida em sociedade, possa se realizar a igualdade absoluta. Esta seria um ideal atingível, exclusivamente no âmbito de uma república ideal; na sociedade em que vivemos, a igualdade somente seria possível como direito abstrato, na forma da lei, sendo que, concretamente, as diferenças seriam insuperáveis.

> Os filósofos Denis Diderot (1713-1784) e D'Alembert (1717-1783) dirigiram o grande empreendimento teórico do século XVIII, a *Enciclopédia*, ou dicionário racional das ciências, das

artes e das profissões [*Encyclopédie ou dictionnaire raisonné des sciences, des arts et des métiers*] — 1751-1772, conhecida desde então simplesmente como *Encyclopédie*. Colaboraram, redigindo os verbetes, filósofos (entre os quais Voltaire, Montesquieu, Rousseau), médicos, engenheiros etc. A *Encyclopédie* pretendia ser uma síntese do progresso das ciências, das técnicas e das profissões, como sugere o seu próprio título. Do ponto de vista político, passou a ser considerada um dos mais significativos marcos intelectuais da ascensão da burguesia. Por seu conteúdo, significava rompimento com tradições dogmáticas do conhecimento, enaltecendo os progressos das ciências positivas e apresentando as suas mais recentes inovações no campo das aplicações técnicas, desse modo abrindo caminho para o progresso da indústria capitalista.

Ao contrário dos filósofos e dos enciclopedistas do século XVIII, Condorcet acreditava que através de sucessivas revoluções seria possível recuperar a igualdade originária e que a igualdade perante a lei seria apenas a forma imperfeita do restabelecimento do direito natural. Além disso, enquanto intelectual militante parece que pretendeu influenciar, com sua obra, o curso das revoluções futuras por igualdade concreta.

De fato Condorcet tinha participado das jornadas revolucionárias de 1789. Porém sua experiência política decisiva aconteceu durante 1793, quando o movimento dos *sans-culottes* radicalizou a revolução no sentido da "soberania popular", contra os privilégios burgueses consagrados após a queda do Antigo Regime. Na obra *Esboço histórico*, de certo modo Condorcet teria incorporado os anseios mais radicais de seu tempo. A realidade histórica não havia concretizado o princípio fundamental da Constituição de 1789, segundo o qual "todos os homens nascem e permanecem livres e iguais em direitos". Embora garantido pela Constituição, o princípio da igualdade teria sido negado pela concreta realidade da carestia da vida, da falta de pão, da terra para plantar e todo o cortejo de misérias sociais que se pudesse imaginar.

Ainda que contrariando as suas próprias postulações liberais, Condorcet pensou a continuidade da revolução no sentido de maior igualdade. Contudo, ainda assim, não abandonou a crença central do Iluminismo no *poder transformador da educação*, apontando apenas soluções ideológicas, ou seja, a superação das desigualdades reais ocorreria desde que houvesse o aperfeiçoamento da instrução e sua universalização.

De qualquer modo, segundo Condorcet a revolução deveria continuar indefinidamente, de progresso em progresso, até que se instaurasse a igualdade concreta entre os membros da mesma sociedade e entre os diversos países do mundo. Além disso, sustentava, nas conclusões do Esboço histórico, que suas deduções sobre o futuro não seriam apenas profecias utópicas. Ao contrário, acreditava que estavam sustentadas na rigorosa observação do passado histórico dos povos.

DA REVOLUÇÃO INACABADA À *FÍSICA SOCIAL*

Depois da incursão no *Esboço histórico* de Condorcet, retornemos à leitura desta obra feita por Comte. Como vimos antes, em 1822, ao mesmo tempo que elogiava o método da observação empregado pelo filósofo iluminista, Comte condenava o conteúdo crítico-metafísico de suas idéias. A teoria do progresso histórico defendida por Condorcet, em razão de seu evidente comprometimento com a *doutrina da revolução permanente*, deveria ser completamente abandonada pelo positivismo.

Realmente, desde as primeiras décadas do século XIX vinham ocorrendo várias e expressivas elaborações sobre a continuidade da Revolução Francesa às quais se costuma atribuir o nome genérico de "teoria da revolução permanente". A revolução permaneceria, ressurgindo a cada período da história até que fossem obtidos "os direitos do povo", escreveu o socialista-fourierista Victor Considérant (1808-1893) em 1848, ou até "que fosse eliminada toda a dominação de classe", conforme Marx em 1850.

Também o pensamento liberal se inquietou com a permanência da revolução e com seus possíveis desdobramentos. Foi o caso de Alex de Tocqueville (1805-1859), que escreveu em sua obra *Recordações*: "A monarquia constitucional tinha sucedido ao Antigo Regime; a República, à Monarquia; ao Império, a Restauração; depois veio a Monarquia de Julho. Após cada uma destas mutações sucessivas, foi dito que a Revolução Francesa, tendo finalizado isto que se chama presunçosamente de sua obra, estava terminada; e nisto se acreditou [...] e eis que a Revolução Francesa recomeçava, pois sempre era a mesma". Ao contrário dos pensadores socialistas, Tocqueville não via a que tudo isso poderia chegar e se inquietava pela "anarquia intermitente" que ele próprio profetizou para os tempos futuros.

Também Augusto Comte temeu por uma suposta anarquia social, que no século XIX — conforme tantas vezes escreveu — já seria o estado quase normal da sociedade européia, em particular da francesa. Realmente a preocupação com a permanência da anarquia social motivou a crítica positivista à teoria iluminista do progresso, levando finalmente à criação da sociologia.

De início o problema teórico enfrentado por Comte era o seguinte: como seria possível reformular o conceito iluminista de progresso, a partir de um quadro de preocupações comprometidas unicamente com a organização — Ordem — social? Para Comte, tratava-se de entrecruzar duas concepções complementares: a idéia de Progresso histórico (sugerida por Condorcet) e a de Ordem social (sugerida por De Maistre). Lembremos que a obra *O papa*, de Joseph de Maistre, tinha influenciado Comte ainda na época da colaboração com Saint-Simon.

Realmente, nos anos posteriores à Revolução Francesa, De Maistre fora o arauto e principal teórico da contra-revolução. Ardente defensor do chamado estado teocrático, acreditava na restauração da monarquia de direito divino, poder baseado exclusivamente na Religião Católica e na autoridade papal. Pensava De Maistre que a teocracia poderia restaurar a ordem social, como tinha mostrado a experiência da Idade Média.

Contudo, mesmo que tenha se inspirado na chamada escola teocrática, Comte fez questão de salientar diferenças fundamentais entre o positivismo e a doutrina da contra-revolução. De Maistre — assim como De Bonald (1754-1840) e outros teocráticos — pretendia simplesmente um *retorno ao passado*, ao poder dos reis e da Igreja Católica, ou seja, uma reprodução, no presente, da ordem social e política da Idade Média. Ora, segundo Comte seria ausência de senso histórico pensar que o retrocesso poderia ser solução para a crise revolucionária da época moderna.

A volta ao passado era impossível, segundo o positivismo comteano, porque a história da humanidade "é naturalmente progressiva". Seria um erro pensar qualquer tentativa de estancar o estado de revolução existente, com o retorno ao passado medieval. Mesmo na hipótese absurda de acontecer tal retrocesso, tudo recomeçaria, a destruição revolucionária retornaria. Porque as revoluções, nos explica Comte, longe de serem apenas um "mal radical" ou pura negatividade histórica, como haviam acreditado os pensadores da contra-revolução, ao contrário, deveriam ser entendidas como um mal transitório, porém imprescíndivel porque inerente ao próprio progresso histórico.

Como já vimos, se não seria possível o retorno à Idade Média, esta época histórica, contudo, deveria ser tomada como paradigma da *reorganização* social moderna. A obra de Joseph de Maistre, desse ponto de vista, tinha inestimável valor para o positivismo, particularmente os seus estudos históricos reveladores da moral e do poder espiritual medievais. Assim sendo, escreve Comte, em 1822, a teoria social positiva deveria ser constituída, de um lado, pela "noção de progresso", desde que esta fosse devidamente depurada de pretensões revolucionárias e reduzida ao relativismo positivista. Mas também, a teoria social positivista se constituiria pela noção de ordem, como inspiração para a reforma moral do século XIX. No *Sistema de política positiva* o próprio Comte explica a gênese do pensamento social positivista escrevendo o seguinte: "Sob o aspecto teórico, o positivismo resultou da combinação de duas influências opostas, uma revolucionária, outra retrógrada, devidas a Condorcet e a De Maistre, cujas meditações eram respectivamente dominadas pela comoção francesa e pela reação que lhe sucedeu".

"Progresso, mas nos limites da Ordem": este seria o princípio fundamental da teoria sociológica positivista em resposta à questão da continuidade da revolução. Em outras palavras, o progresso, mas abstraído da categoria iluminista de *indefinido* e limitado à *ordem* industrial. O progresso histórico, como fora pensado por Condorcet, seria incompleto enquanto não atingisse, através de sucessivas revoluções, a utopia da igualdade real. O progresso positivista, por seu lado, foi pensado por Comte como processo concretizado, ou seja, o seu termo seria a própria sociedade industrial e pacífica da época moderna. Em outras palavras, a teoria positivista de progresso demarca limites históricos intransponíveis e se constitui em pensamento do fim das utopias.

Podemos entender agora o significado sociológico-positivista da expressão "fato social". Fato social é todo acontecimento que, sendo resultado "natural" do progresso histórico, deve ser tomado como realidade insuperável. Neste sentido, a sociedade moderna, segundo Comte, enquanto fato social pode se constituir em "objeto" de uma ciência positiva, como qualquer outro fato físico, químico etc.

Prossigamos, porém, nossa leitura do ensaio "Plano dos trabalhos necessários para reorganizar a sociedade", texto de fundação da *física social*. Como vimos, o plano de reorganização da sociedade, tal como concebido por Comte, não deveria alterar o progresso histórico, ao contrário, deveria facilitar o seu desenvolvimento natural. Nesse sentido, o positivismo teria como meta essencial conceber a teoria da Ordem enquanto pensamento da suspensão das revoluções.

No século XVIII, escreve Comte, época de transição revolucionária, a classe dos legisladores, cuja qualidade máxima é a eloqüência, tinha conduzido politicamente a sociedade. Porém no século XIX a política deveria ser guiada por um plano rigorosamente científico, exigindo-se, por esta razão, uma direção com outro tipo de capacidade. Como nos explica Comte, os sábios, ocupados com as ciências da observação, seriam os únicos com capacidade e cultura necessárias para transformar a política em um saber realmente científico. Somente eles poderiam produzir o plano positivista da reforma social exigida pelo século XIX.

O positivismo, portanto, corta as raízes concretas da teoria política, concebendo-a como autônoma em relação às experiências e práticas sociais, e reforça ainda mais o afastamento entre teoria e prática quando pensa a necessidade de especialistas em política. Em suma, a política deve ser assunto para cientistas, isto porque — argumenta Comte — os sábios das diversas ciências positivas, no começo do século XIX, diante da decadência do poder espiritual católico, formariam a única classe com autoridade moral diante da sociedade. A mesma credibilidade que os cientistas gozavam no campo das ciências positivas seria garantia suficiente para sua credibilidade política. Na verdade, Comte acreditava que as sucessivas crises revolucionárias eram devidas, sobretudo, à descrença geral nas doutrinas sociais, tanto na doutrina retrógrada, como na doutrina revolucionária. Sem uma direção espiritual respeitada, sem uma doutrina social consensual, a sociedade viveria mergulhada na mais profunda anarquia.

No começo do século XIX, segundo pensava Comte, existiam duas doutrinas sociais aspirando à condução da sociedade. De um lado, a doutrina dos reis, ou seja, aquele ideário político de reinstauração da ordem, com a volta ao passado. A escola teocrática, em particular a de De Maistre, tinha inspirado a doutrina da restauração monárquica, contra a continuidade da Revolução Francesa. Oposta a ela, existia "a doutrina dos povos", defendida pelos progressistas, mas que também não seria suficiente para o restabelecimento da ordem social, já que estaria fundada em princípios negativos, ou seja, na liberdade de consciência, na soberania popular e em todos os demais princípios derivados da doutrina revolucionária.

Estes últimos, segundo Comte, seriam princípios úteis para a negação, ou seja, para a *destruição* das formas sociais ultrapassadas, mas não teriam nenhuma serventia quando se tratasse da reconstrução social. A liberdade de consciência teria sido historicamente necessária para destruir as antigas crenças teológicas. Mas agora, no século XIX, surgia apenas como poderoso obstáculo à reorganização social. Segundo o positivismo, se as idéias diretivas da sociedade fossem submetidas ao arbítrio de cada consciência individual jamais a ordem seria restabelecida, pois nunca seria obtido *consenso* político. Portanto, ao invés da liberdade de consciência, o século XIX exigia uma nova *autoridade moral* que impusesse, sem discussões inúteis, a doutrina social positiva. "Sem um sistema qualquer de idéias gerais não existe sociedade", explica-nos Comte.

Outro princípio negativo da doutrina dos povos seria o da soberania popular. O dogma metafísico e crítico da soberania popular que, durante a Revolução Francesa, teria feito germinar a anarquia, reaparecera uma vez mais, no início do século XIX. Tinha sido criado para combater o princípio do direito divino, e contudo ainda havia quem o sustentasse mesmo depois de ter se esgotado a sua utilidade social. Tanto quanto o dogma da liberdade de consciência, o dogma da soberania popular retardaria e impediria a tão esperada reorganização social.

Além disso, o ideal da soberania popular, se não fosse abandonado, levaria necessariamente ao desmembramento geral do corpo social, pois tinha como objetivo último, nas palavras de Comte, "colocar as classes menos civilizadas no poder". Também a liberdade de consciência tenderia a privilegiar a classe proletária, pois "investe os homens menos esclarecidos de um direito de controle absoluto sobre o sistema de idéias gerais fixado pelos espíritos superiores, para servir de guia à sociedade".

Tanto o princípio da liberdade de consciência quanto o da soberania popular induziriam à crença da igualdade política, deste modo contribuindo para a perpetuação do "estado de anarquia combinada, espiritual e temporal", tal como ocorria no início do século XIX. De qualquer modo, escreve Comte, desde 1789, cegamente tinha se acreditado que aqueles princípios negativos poderiam ser instrumentos da reconstrução social.

Contudo, acreditava Augusto Comte que uma nova época estaria despontando, isto porque os defensores da doutrina dos reis já teriam perdido a "paixão retrógrada", convencidos da necessidade de uma nova ordem, qualquer que fosse, assim como os defensores da doutrina dos povos estariam perdendo a "paixão crítica", em decorrência das experiências históricas fracassadas. Anunciava-se, finalmente, a época em que uma doutrina nova, a positivista, imporia suas verdades, substituindo a desordem ideológica pelo pensamento estabilizador.

Como realizar esse plano? Comte acreditava que seria possível realizá-lo apoiando-se na autoridade moral dos cientistas, mas também demonstrando que a doutrina do progresso dentro da ordem tinha seu fundamento em uma *ciência* positiva da sociedade. Foi com tal projeto, ao mesmo tempo político e teórico, que Comte concebeu a lei dos três estados, primeira lei social não-negativa, "científica", em uma palavra, positiva. Portanto a concepção da lei dos três estados foi, na obra de Comte, o momento de transformação da doutrina positivista "do progresso dentro da ordem" em "ciência social". Aquela lei social, além disso, demarca a gênese teórica da *física social*.

A LEI DOS TRÊS ESTADOS

Segundo o positivismo, o "espírito humano" teria se desenvolvido no decorrer de três fases ou estados, ou seja, o teológico, o metafísico e o positivo. Contudo a expressão *espírito humano*, na filosofia positivista, não possui o mesmo amplo significado que lhe deu Condorcet. Para o positivismo, a expressão "o espírito humano" significa, bem restritamente, conhecimento científico. Assim sendo, ao se referir aos três estados do espírito humano, Comte nos remete, acima de tudo, a certas fases da história das ciências.

A lei dos três estados, assim concebida, seria um conceito filosófico *compreensível para os cientistas*. De forma sintética, Comte expõe aos cientistas a história do espírito humano, como se segue: "Pela própria natureza do espírito humano, cada ramo de nossos conhecimentos está necessariamente obrigado, em sua marcha, a passar sucessivamente por três estados teóricos diferentes: o estado teológico ou fictício; o estado metafísico ou abstrato; enfim, o estado científico ou positivo".

O primeiro estado teórico de toda ciência teria sido o teológico. Permaneceu enquanto a humanidade, através de seus sábios, fazia apenas poucas observações realmente positivas, ou seja, fundadas em observações efetivas dos fenômenos naturais. Como então os fatos conhecidos eram poucos, somente seria possível ligá-los por meio de fatos inventados. Deste modo, naquele estágio inicial das ciências, para explicar as leis que regem os fenômenos naturais, os sábios recorreriam a agentes sobrenaturais. Na verdade, as explicações teológicas seriam aquelas que, apoiando-se em causas imaginárias, tentavam explicar a totalidade do mundo. Mas, de qualquer modo, as explicações teológicas ajudaram a inteligência humana a sair do estado de torpor e debilidade, próprio da ignorância primitiva, e a se aventurar em novas observações, na busca de novos conhecimentos.

Pouco a pouco, for abandonada aquele tipo de explicação pelas causas absolutas. Segundo Comte, este teria sido um progresso fundamental do espírito humano, pois devido à própria constituição natural de nossa inteligência nunca alcançaríamos o conhecimento absoluto de qualquer tipo de fenômeno. Portanto a inteligência não-teológica deveria se contentar em conhecer os fatos, o que está dado, sem buscar as causas do que existe, aventurando-se, quando muito, a estabelecer relações de sucessão e de coordenação entre os fatos conhecidos, relações estas a que Comte deu o nome de "leis positivas".

O segundo momento ou estado do desenvolvimento das ciências foi chamado pelo positivismo de "metafísico". Na verdade, este estágio do espírito humano teria um caráter bastardo. Aliás, a palavra "bastardo" parece bastante adequada para qualificar o estado metafísico, tal como pensado por Comte. Como se sabe, "bastardo" se diz "do que é híbrido", ou seja, daquilo que é resultante do cruzamento de duas espécies bem definidas em suas características essenciais. Os nossos conhecimentos são metafísicos quando, em suas enunciações, há o entrecruzamento de idéias teológicas com idéias positivistas.

Na história do espírito humano, o estado metafísico teria ocorrido quando a ciência fazia tentativas de ligar os fatos por meio de idéias que, não sendo completamente sobrenaturais, também não seriam inteiramente naturais. No lugar de recorrer a supostas ações de entes sobrenaturais, a ciência metafísica explica os fenômenos como tendo sido causados por "entidades ou abstrações personificadas". Assim é que, por exemplo, para explicar os fenômenos observados no mundo físico orgânico e bruto, os sábios metafísicos recorreriam à Natureza, ou seja, a uma espécie de entidade metafísica ou abstração personificada, relativa ao conjunto dos fatos físicos. Na verdade, escreve Comte, o espírito humano, quando no estágio metafísico, se bem que procurando limitar nossa pretensão de tudo conhecer, restringindo-se aos fatos observáveis, ainda assim tem injustificáveis ambições de conhecer pelas causas absolutas.

Ora, o que sobretudo caracterizaria o último estado teórico — o positivo — seria que, em sua vigência, os sábios passariam a admitir que há limites intransponíveis para a capacidade humana de conhecimento. Imbuídos de tal genuíno espírito positivo, explica-nos Comte, os sábios pretendem, no exercício da ciência, apenas conhecer o que está dado — os fatos e suas leis positivas — sem se preocuparem com a explicação das causas e dos fins últimos. Desse modo, o conhecimento científico não poderia avançar além de limites claramente estabelecidos, ou seja, se restringiria às leis de coordenação e sucessão dos fenômenos naturais, deduzidas dos fenômenos observáveis. Portanto, o estado positivo seria o definitivo; tendo-o atingido, o espírito humano não alcançaria patamar mais elevado. Aliás, a história do desenvolvimento progressivo das ciências seria, ela própria, um fato positivo e observável em cada ciência. Teria sido a partir dessas observações epistemológicas que o positivismo estabeleceria a própria lei dos três estados.

Portanto os estados do espírito humano reduzem-se a modos ou *métodos* de conhecimento, e a lei dos três estados da ciência foi pensada por Comte antes de tudo como uma categoria epistemológica, ou seja, relativa à filosofia das ciências. Como veremos a seguir, é sobre este fundamento epistemológico que é construída a *física social* ou sociologia.

A LEI DOS TRÊS ESTADOS E A *FÍSICA SOCIAL*

Recordemos que no "Opúsculo fundamental" Comte endereça aos cientistas explicações relativas à criação da ciência social, escrevendo: "Os sábios, familiarizados com a marcha das ciências, poderão verificar facilmente que a lei dos três estados se aplica a cada uma das quatro ciências fundamentais, que são positivas atualmente, ou seja: a astronomia, a física, a química e a fisiologia e a todas as demais ciências a elas vinculadas". Mas este não seria o resultado teórico mais importante a que poderiam chegar.

Caso os cientistas se dedicassem ao estudo dos fatos sociais — o que aliás era o projeto positivista essencial — deveriam igualmente recorrer à lei dos três estados. Em outras palavras, a lei dos três estados poderia ser verificada na *história da sociedade*. Qualquer astrônomo, físico, químico ou biólogo — escreve Comte no "Opúsculo fundamental" — pode facilmente constatar que o estudo da sociedade atravessou, como o de suas respectivas ciências, três estados sucessivos: teológico, metafísico e, finalmente, positivo.

Do ponto de vista do método de conhecimento, os cientistas poderiam verificar que a doutrina dos reis teria sido criada quando o pensamento político ainda se encontrava no estado teológico. No estado teológico, a política ainda se utilizaria de fatos inventados para explicar os fatos positivamente observados na vida das sociedades. Exemplo maior seria aquele oferecido pela teoria do direito divino dos reis. Imaginou-se tal direito, supostamente transmitido por Deus, para justificar a existência da monarquia e outras formas de poder absoluto. Outro exemplo de aplicação do metódo teológico no pensamento social seria o da concepção da história da humanidade como manifestação de um plano da Providência divina. Comte finaliza suas reflexões sobre o estado teológico da política afirmando que essa forma de explicação da sociedade e de sua história teria predominado até que o Antigo Regime começou a declinar, portanto até mais ou menos a primeira metade do século XVIII.

Em contrapartida, o estado metafísico do pensamento político estaria representado pela doutrina dos povos, havendo predominado no século XVIII, mas ainda permanecendo no século XIX. O pensamento social metafísico seria mestre na invenção de fatos, como a liberdade de consciência e a soberania popular, meras *ficções* cuja realidade positiva não é constatável em parte alguma. A estes fatos inventados, os pensadores sociais e políticos misturaram fatos observados, produzindo, deste modo, uma doutrina bastarda, imprópria para reorganizar a sociedade, simples fermento de contínuas insurreições.

Segundo Comte, para que a teoria social atingisse o estado final e mais elevado de seu desenvolvimento, tornando-se, ela própria, *ciência positiva*, seria necessário que empregasse *procedimentos epistemológicos* semelhantes àqueles utilizados pelas ciências fundamentais (ou seja, pela astronomia, pela física, pela química e pela biologia). Portanto a ciência social positivista ainda teria de ser inteiramente criada e desenvolvida, e Comte acreditava que o trabalho preliminar de fundação, como já vimos, estivesse sendo realizado, por ele próprio, no ensaio "Plano dos trabalhos necessários para reorganizar a sociedade".

Para completar tais reflexões preliminares à fundação da *física social*, Comte desenvolve outra explicação essencial para o *atraso relativo* de seu surgimento. No século XIX, todas as outras ciências fundamentais haviam alcançado o estágio máximo de seu progresso teórico, enquanto a teoria social teria estacionado. Com novas reflexões epistemológicas, Comte nos explica a razão desta defasagem teórica.

O ATRASO RELATIVO DA *FÍSICA SOCIAL*

De acordo com a lei epistemológica dos três estados, as ciências fundamentais teriam chegado ao estado positivo umas após as outras, na ordem que era natural que esta revolução se operasse, ou seja, primeiro teria sido a astronomia, depois a física, em seguida a química e por último, já no final do século XVIII, a biologia. Portanto, durante os séculos XVII e XVIII, todas as ciências fundamentais gradativamente teriam atingindo o estado positivo. Essa revolução científica poderia ser explicada.

É fácil verificar, escreve Comte, que a ordem de chegada das ciências fundamentais ao estado positivo está relacionada com o grau de dificuldade apresentado por seus respectivos objetos. Quanto mais complexos fossem, mais lentamente a ciência atingiria o estado teórico positivo. Além disso, o fato de uma ciência se tornar positiva mais ou menos rapidamente do que as outras estaria também relacionado com o maior ou menor grau de generalidade dos fenômenos por ela estudados.

Por isso, a astronomia teria sido a primeira ciência a alcançar o estado plenamente positivo. Os fenômenos astronômicos seriam, ao mesmo tempo, os mais simples e os mais gerais. Embora influenciassem a totalidade dos fenômenos naturais, os fenômenos astronômicos (restritos ao sistema solar, segundo o positivismo) não seriam modificáveis por nada que lhes fosse superior. Pelo menos, como observa Comte, em um grau perceptível por nós, seres humanos.

Além disso, os fatos astronômicos, ao contrário dos demais fenômenos naturais, obedeceriam a uma *única* lei positiva: a da gravitação universal. Ora, todos os demais fenômenos existentes (incluindo os sociais) estariam, direta ou indiretamente, submetidos àquela lei universal. Portanto os fatos astronômicos seriam os de maior abrangência (generalidade). Além disso, segundo Comte o objeto da astronomia seria o mais afastado do homem, ficando muito mais fácil, na prática desta ciência, o cultivo da neutralidade e da pura objetividade, condições essenciais da existência do saber positivo.

Logo após a astronomia, foi a física que atingiu o estado positivo. Os fenômenos por ela estudados (os do "mundo inorgânico terrestre") seriam, ao mesmo tempo, mais complexos e mais particulares que os astronômicos, porém não redutíveis a uma única lei, como a da gravitação universal. Além disso, os fatos físicos seriam influenciados pelos fatos astronômicos, como por exemplo: a movimentação e posição dos planetas (lei da gravitação universal) influenciariam os fenômenos terrestres (como as marés). Finalmente, os fatos físicos estariam mais relacionados à existência do homem do que os astronômicos, porque compõem o mundo em que vivemos.

Sempre seguindo a ordem de dificuldade de estudo — do mais simples e geral ao mais complexo e particular — Comte prossegue a classificação das ciências. Em seguida à física, vem a química ou "ciência positiva das leis de composição e de decomposição da matéria". A química dependeria inteiramente da física, também definida por Comte como "ciência geral dos corpos inorgânicos". Nenhum fenômeno químico ocorreria isoladamente, por esta razão a química se submeteria à física. Além disso, os fenômenos químicos têm menor generalidade, porque compõem apenas um aspecto particular do mundo físico.

Quando a química elevou-se ao estado positivo, abriu caminho para que a biologia o alcançasse também. Comte acreditava, do mesmo modo que muitos biólogos do século XIX, que os fenômenos da vida podem ser reduzidos essencialmente a processos químicos (ou seja, processos de composição e decomposição de substâncias naturais). Entrelaçada com a química (mas também com a astronomia e com a "física terrestre"), da qual não poderia ser separada senão artificialmente, a biologia teria sido a última das ciências fundamentais a atingir a maturidade teórica. A biologia, conforme a definição dada no século XIX, mas também conforme o positivismo, seria o conhecimento das leis da vida.

Ora, entre todos os fenômenos naturais, "a vida" é o que apresenta maior complexidade, portanto maiores dificuldades cercam o seu estudo. Nas palavras de Comte, "a vida sofre influência direta ou indireta dos demais fenômenos naturais". Sem os processos químicos de composição e decomposição (tais como a nutrição, a secreção etc.) não existiria a vida vegetativa, ou qualquer tipo de existência animal, incluindo a humana. Os organismos vivos, por outro lado, dependeriam fundamentalmente do "meio ambiente" (expressão, aliás, forjada por Comte), estando por esta razão submetidos às leis físicas da gravidade, do calor, da eletricidade etc.

Os fenômenos da vida seriam, portanto, os mais complexos e particulares, motivo pelo qual a biologia apenas pode completar a sua evolução tardiamente. Somente sobre o fundamento de todas as ciências anteriores (astronomia, física e química), a "ciência da vida" pôde alcançar, no século XIX, também ela, o estado positivo do conhecimento.

Segundo Comte, devido a inesgotável complexidade apresentada pelos fenômenos sociais, a ciência social positiva somente poderia ter surgido por último, tanto do ponto de vista histórico, como também do ponto de vista epistemológico. Para que se concretizasse "o estudo do desenvolvimento coletivo da espécie humana", objeto da ciência social, era preciso dar conta de uma infinidade de influências. O estudo da sociedade dependeria sobretudo da biologia, como fundamento epistemológico mais importante.

Haveria vinculações epistemológicas insuperáveis entre a biologia e a *física social*. As categorias sociais, segundo Comte, são impensáveis sem as contribuições da biologia, ou seja: "1) o conhecimento fisiológico do homem tomado individualmente e 2) o conhecimento da humanidade, como espécie animal". Em outras palavras, a *física social*, para se constituir como ciência, dependia de ensinamentos biológicos da fisiologia e da história natural.

Mas também a química, a física e a astronomia deveriam ser tomadas, pela *física social* em constituição, como paradigmas epistemológicos essenciais. Segundo Comte, a existência social acontece sob a influência de todos os outros fenômenos naturais: "As sociedades humanas estão em relação necessária e contínua, não somente com as leis [biológicas] da nossa organização, o que é evidente, mas também com as leis físicas e químicas de nosso planeta e com as do sistema solar do qual faz parte".

As influências naturais sobre os fenômenos sociais são inumeráveis e decisivas. Eis algumas delas, segundo o positivismo: *1)* se houver uma variação, de poucos graus, da obliqüidade elíptica da Terra, pode acontecer uma nova distribuição dos climas, transformando substancialmente aspectos da vida social; *2)* um pequeno aumento, para mais ou menos, da distância entre a Terra e o Sol pode alterar o duração do ano e a temperatura do globo, e, por conseqüência, a duração da vida humana e uma enorme quantidade de outras modificações análogas; *3)* finalmente, outro exemplo, particularmente significativo: "Podemos mesmo dizer", escreve Comte, "que as mais simples circunstâncias de forma ou de posição, insignificantes na ordem astronômica, podem ter uma importância suprema na ordem política".

Portanto a *física social* tem os seus fundamentos na fisiologia e na história natural, mas também no conhecimento do meio ambiente, composto por conceitos da astronomia, da física e da química. Tal incomensurável dependência epistemológica, segundo Comte, teria sido o principal motivo do atraso com que o pensamento social chegou ao estado positivo. Além disso, os estudos de *física social*, sendo os mais particularmente relacionados ao próprio homem, estariam sempre enredados às paixões políticas, sendo estas verdadeiros obstáculos à neutralidade e à objetividade imprescindíveis.

Portanto, Comte faz a classificação positivista das ciências fundamentais segundo a complexidade e a generalidade de seus objetos de estudo. Ao mesmo tempo que classifica as ciências positivas, revela a existência de uma verdadeira hierarquia de poder entre elas. A física se submeteria à astronomia; a química, por seu lado, obedeceria, em larga medida, aos conhecimentos físicos; e, finalmente, a biologia transformou-se em saber positivo, ao se submeter a todas as demais ciências. Contudo, na verdade, o mais dependente de todos os saberes positivos seria a *física social*. O estudo positivo da sociedade estaria submetido amplamente às categorias epistemológicas da biologia, da química, da física e da astronomia.

SOCIOLOGIA: CIÊNCIA SOBERANA

Na verdade, a relação entre os diversos saberes foi pensada, por Comte, na forma de uma hierarquia na qual a *física social* aparece como o *poder dominante* em relação à totalidade do saber científico. Da astronomia à sociologia, deve-se verificar, segundo Comte, que há um progressivo aumento da complexidade dos fenômenos das ciências. Deste outro ponto de vista, seria configurada uma hierarquia tendo na sua parte inferior os fenômenos astrônomicos, que seriam os mais simples e mais afastados dos fenômenos sociológicos. Em seguida, sempre no sentido ascendente, do menos para o mais complexo, apareceriam os fenômenos físicos e, depois, os químicos, que afetariam o conjunto da sociedade ainda apenas indiretamente. Por último, na hierarquia do menos para o mais complexo, surgem os fenômenos que nos envolveriam diretamente, os biológicos, inferiores somente aos sociais. Configura-se, portanto, do ponto de vista da complexidade dos fenômenos e da importância que eles podem ter para a sociedade, o poder absoluto da sociologia.

Mesmo tendo chegado tardiamente ao terceiro estado, embora mais dependente epistemologicamente, a sociologia estava destinada, pela filosofia positivista, ao lugar mais alto na hierarquia do conhecimento, e de certo modo todas as outras ciências deveriam se submeter ao seu poder teórico. Mesmo porque teriam sido construídas com a finalidade de preparar-lhe o advento. Assim sendo, segundo Comte, deveria acontecer, a partir do século XIX, uma "reação sociológica", em particular da biologia. A biologia verdadeiramente positivista deveria dedicar-se, conforme exigências da sociologia comteana, ao estudo dos fundamentos fisiológicos da inteligência e da moral.

Em síntese, a sociologia deveria provocar uma verdadeira re-fundação hierárquica do saber. Segundo Comte, apesar de ser a mais dependente epistemologicamente, ela seria soberana entre todas, enquanto saber da totalidade da Ordem e do Progresso da humanidade, no passado, no presente e no futuro.

Assim sendo, entende-se que no *Curso de filosofia positiva* Comte tenha afirmado que a filosofia positiva das ciências é preâmbulo teórico à fundação da *física social*.

Aliás, o *Curso de filosofia positiva* em grande parte foi pensado como ensinamento aos cientistas "destinados às mais altas funções sociais". A obra é composta de capítulos aos quais Comte dá o nome de Lições. Ao todo são 60 "Lições" bastante longas e complexas, no decorrer das quais Comte expõe, inicialmente, a filosofia das ciências (espistemologia), sendo as restantes dedicadas à criação teórica da sociologia. Na "Lição 1" e na "2" são desenvolvidos conceitos fundamentais da filosofia positiva, ou seja, o da lei dos três estados e o da hierarquia das ciências. Nas seguintes, até a de número "45", desenvolve-se um estudo *filosófico* daquelas ciências que o positivismo considera fundamentais, ou seja, a astronomia, a física, a química e a biologia. O termo "filosófico", neste caso, significa que as ciências são pensadas do ponto de vista da lei dos três estados.

As "Lições" são apresentadas na mesma seqüência progressiva com que atravessaram os três estados histórico-epistemológicos do conhecimento, ou seja: começa-se pela filosofia da astronomia, em seguida, passando pela filosofia da física, da química e, finalmente, da biologia. Porém, antes de todos estes ensinamentos, vem o capítulo sobre a filosofia da matemática, a saber que, segundo Comte, constitui a base instrumental do conjunto da filosofia natural.

Os capítulos dedicados à biologia são os mais longos, apenas superados, em extensão, pelas "Lições" de *física social*. Comte nos explica que o advento positivista das diversas ciências do mundo inorgânico e da matemática, sem dúvida, foi da maior importância, porém ainda mais essencial teria sido o advento positivista da biologia. A criação da biologia, no final do século XVIII e começo do XIX, "ainda mais do que qualquer outra parte simultânea da evolução científica", lemos no *Curso de filosofia positiva*, "contribui para o progresso do espírito humano, lançando as bases essenciais de um estudo plenamente positivo do homem, susceptível de preparar enfim aquele da sociedade".

Portanto, no *Curso de filosofia positiva* as "Lições de filosofia da biologia" antecedem imediatamente as "Lições de filosofia social", e isto ocorre porque conceitos centrais da *física social* fundamentam-se nas descobertas biológicas. Particularmente a estática social, ou teoria positivista da Ordem, apóia-se em suposta *desigualdade biológica* entre os seres humanos. Realmente, como veremos a seguir, a teoria da desigualdade de inteligência humana foi defendida então, no século XIX, por biólogos seguidores da craniologia (*Schädellehre*) ou frenologia.

A ORDEM DA DESIGUALDADE BIOLÓGICA

Nos anos anteriores à publicação do *Curso de filosofia positiva*, isto é, nas primeiras décadas do século XIX, fazia sucesso na Alemanha a teoria cerebral, mais tarde conhecida como frenologia. Seu criador foi o anatomista e médico austríaco Franz Josef Gall (1758-1828), que tinha se tornado célebre devido a seus cursos em Viena. Expulso de seu próprio país, por contrariar, com a frenologia, crenças religiosas, Gall fixou-se na França, onde fez vários discípulos ilustres, como o fisiologista François Broussais (1772-1838) e o naturalista Ducrotay de Blainville (1777-1850), além do próprio Augusto Comte.

No *Curso de filosofia positiva*, Comte expõe a teoria frenológica de Gall, por considerá-la muito importante para o progresso da biologia. A frenologia, como nos explica Comte, era uma tentativa de estudar a inteligência humana de um ponto de vista positivo. De fato, segundo Gall, as faculdades intelectuais e morais teriam origem orgânica, devendo, por conseguinte, tornam-se objeto dos estudos fisiológicos.

Podemos imaginar o escândalo causado então pela frenologia. De acordo com os ensinamentos de Gall, não existiria, propriamente falando, o eu, a consciência, a alma ou qualquer outra forma de subjetividade humana. Cada capacidade intelectual ou sentimento moral seria, segundo Gall, de natureza puramente fisiológica, constituindo diversos "órgãos cerebrais" contíguos, mas distintos entre si. A unidade a que chamamos "eu", "alma", "consciência" nada mais seria, portanto, que uma ilusão metafísica. Na verdade, Gall pretendia estar destruindo as bases metafísicas da filosofia tradicional.

Desde a juventude, nas cartas a Valat, Comte manifestou grande entusiasmo pela obra de Gall, acreditando que, realmente, com o advento da teoria frenológica, começaria se apagar "o último vestígio da metafísica". Com as descobertas frenológicas, também o estudo das faculdades intelectuais e morais do homem teria chegado ao seu estado positivo, escreveria Comte nas obras de maturidade, ou seja, no *Curso de filosofia positiva* e no *Sistema de política positiva*.

Lembremos, de passagem, que o filósofo alemão Friedrich Hegel dedicou algumas páginas de sua obra *A fenomenologia do espírito* para contestar a frenologia. Quando os frenólogos afirmam que "o espírito é" — escreveu Hegel —, querem dizer exatamente que eles pensam que "o espírito é uma coisa", uma coisa igual, por exemplo, a um osso; ou seja, os frenólogos afirmam, em certo sentido, que "o ser do espírito é um osso" ou que é "alguma coisa que podemos pegar com as mãos". Aliás, ironicamente, Hegel sugere que, para provar de maneira grosseira o quanto igualmente grosseira era a sua teoria, os frenólogos bem que poderiam quebrar os seus crânios, para verificar a verdade de suas teses.

Havia, contudo, divergências entre os frenólogos, a principal delas relativa às "localizações das faculdades humanas". O próprio Comte toma partido em uma dessas polêmicas a respeito de um "órgão do roubo". O desejo inato de se apropriar das coisas alheias — escreve Comte — "é uma aberração do sentimento da propriedade, este sim, verdadeiramente natural ao homem". De qualquer modo, Comte acreditava que, no futuro, quando as análises anatômicas do cérebro fossem mais precisas e sofisticadas, com certeza poderíamos definir exatamente a localização fisiológico-cerebral dos sentimentos morais e a das capacidades intelectuais humanas.

De qualquer modo, mesmo no seu estado teórico inicial, escreveu Comte no *Curso de filosofia positiva*, a frenologia, devido aos imortais trabalhos de Gall, poderia ser considerada a mais brilhante teoria da origem fisiológica da inteligência e moralidade humanas. Com a frenologia, avanços fundamentais teriam ocorrido no conhecimento da "verdadeira natureza humana".

De acordo com os estudos anatômicos de Gall, prossegue Comte, tinha sido possível saber, sobretudo, que as faculdades propriamente humanas (as faculdades intelectuais) seriam as mais fracas entre todas as que possuímos. Segundo a frenologia, nos explica Comte, a porção mais volumosa e animal do cérebro humano localiza-se na parte posterior do crânio. Ora, exatamente como ocorre nos outros animais superiores, aquela parte maior do cérebro é o simples prolongamento da coluna vertebral. Portanto, seria possível concluir que nos seres humanos, como ocorre nos outros animais superiores, a sede dos sentimentos morais ou "afetividade" localiza-se na região cerebral posterior e mais volumosa.

Em contrapartida, a parte do cérebro "mais humana", que se localizaria na região frontal do crânio, além de menos volumosa seria também, na expressão de Comte, "a menos enérgica". Segundo Gall e seu discípulo Comte, nesta região cerebral de menor extensão e de atividade mais fraca estariam localizadas as faculdades intelectuais superiores.

Fundamentando-se na questionável teoria das "localizações cerebrais", Comte desenvolveu conceitos centrais da estática social. No *Curso de filosofia positiva*, afirma que a maioria dos seres humanos jamais desenvolverá a parte frontal do cérebro, sede das faculdades intelectuais superiores. A maioria dos seres humanos permanece limitada eternamente ao desenvolvimento da afetividade e dos sentimentos morais, cujos "órgãos" estão localizados na região cerebral posterior, mais volumosa.

Este estado pouco definido entre a animalidade e a humanidade, no qual se encontraria a quase totalidade dos seres humanos, não seria, contudo, segundo Comte, algo que devesse causar preocupações. Do ponto de vista da "harmonia", ou seja, da Ordem social, na verdade seria bom que assim fosse. A maioria dos seres humanos, por ser dominada pela afetividade, poderia ter a sua existência moldada conforme as exigências da doutrina social "do progresso dentro da ordem". Por outro lado, a elite da humanidade (privilegiada biologicamente, pois constituída pelo número reduzido dos que desenvolvem a parte frontal do cérebro) poderia se dedicar às atividades intelectuais do raciocínio, vez ou outra, fornecendo à sociedade novos Sócrates, Homeros ou Arquimedes.

Embora a fisiologia frenológica tenha sido pensada como fundamento primeiro da estática social, esta tem ainda outra suposta inspiração filosófica. Na obra *Sistema de política positiva* (ou Tratado de sociologia instituindo a Religião da Humanidade), Comte escreveu que o verdadeiro criador da estática social havia sido o filósofo grego Aristóteles (384-322 a.C.). Em *A política*, escreve o Comte da maturidade, Aristóteles afirmou que há homens que são escravos por natureza. Ora, ele próprio, o fundador da *física social*, Augusto Comte, teria apenas atualizado as reflexões aristotélicas acrescentando-lhes, além disso, a dinâmica social ou teoria do Progresso.

O PROGRESSO HISTÓRICO DA SUBMISSÃO ESPONTÂNEA

A dinâmica social foi desenvolvida pela primeira vez, assim como a estática social, no *Curso de filosofia positiva*. Como outros projetos da maturidade, a dinâmica social retoma reflexões dos *Opúsculos de filosofia social*, às quais o filósofo deu finalmente uma expressão teórica mais elaborada. Retornemos, por conseguinte, às reflexões sobre a história espiritual da humanidade, da época da juventude de Comte.

Lembremos que, ao recusar a utopia saint-simoniana da transformação social, Comte logo a substituiu por outro ideário social. Ao invés de pensar em mudanças em proveito "da classe mais numerosa e pobre", conforme a doutrina de Saint-Simon e de seus seguidores socialistas, o jovem Comte, em sentido oposto, passou a refletir sobre o modo de suspender, em definitivo, as transformações desestabilizadoras da sociedade industrial.

Como vimos, o conhecimento histórico o ajudou naquelas reflexões teóricas, levando-o a certas conclusões, essencialmente positivistas, sobre a Idade Média. Essa época histórica seria reveladora da Ordem social perfeita. Devido à divisão do poder praticada então, em poder espiritual (Igreja Católica) e poder temporal (feudalismo), teria sido possível obter a submissão espontânea da maioria dos seres humanos.

Ao escrever o *Curso de filosofia positiva*, Comte aperfeiçoou aquelas reflexões iniciais, dando-lhes uma expressão teórica mais rigorosa. Desenvolveu então a dinâmica social. Nesta subdivisão da sociologia, procurou mostrar que a totalidade da história da humanidade seria, na verdade, a história do progresso da submissão espontânea da maioria ao poder espiritual. Aliás, sem esse progresso decisivo a sociedade humana jamais teria subsistido e lhe estaria vedada toda existência futura.

Comte recorre, ainda uma vez, à lei dos três estados, agora para esclarecer o significado mais profundo da história da humanidade. Contudo modificações são introduzidas. No *Curso de filosofia positiva* surge outro elemento determinante do progresso histórico. Nos capítulos ou "Lições" de dinâmica social, a narrativa histórica dos três estados espirituais começa nos tempos primordiais da humanidade dominada pelo poder espiritual fetichista indo até a época do advento do poder espiritual positivista do futuro.

De agora em diante, Comte subdivide o estado social teológico em três idades, conforme a religião (poder espiritual) predominante, ou seja: idade fetichista (quando teria predominado a astrolatria), idade politeísta (religiões egípcia, grega e romana) e, finalmente, idade monoteísta (do século V d.C em diante, quando passou a predominar o cristianismo católico). A religião fetichista, por sua espontaneidade, é particularmente enaltecida pelo positivismo. Quanto ao monoteísmo católico, torna-se objeto de um amplo estudo, sendo pensado por Comte, como modelo do poder espiritual positivista dos tempos vindouros.

Do século XIV em diante, como explica-nos Comte, teria começado a época da destruição das crenças religiosas católicas, sendo que sua vanguarda militante foi o luteranismo. Teria sido este o marco histórico inicial da grande crise moderna do poder espiritual — ou o estado metafísico da humanidade —, fase de decadência da Igreja Católica e de descrédito total, e sempre crescente, de seu clero. A Reforma luterana, contudo, como pregava a liberdade de consciência, não pôde desenvolver uma nova moral social.

Na época de transição do catolicismo para o positivismo, o poder espiritual teria perdido terreno, desde o fim da Idade Média, já que nenhum princípio social prevalecia, a não ser o "princípio negativo do interesse pessoal", que vicejou ao lado da insurgência permanente das classes sociais inferiores.

No século XIX, a crise espiritual ainda permanecia, sendo que o terceiro estado espiritual da humanidade estava para ser instaurado. Caberia à elite da humanidade a tarefa de refundação, em princípios não-teológicos, do poder espiritual arruinado. Formada pelos cientistas-sociólogos, aquela nova vanguarda deveria preparar o advento do poder espiritual moderno, elaborando as explicações positivistas sobre a ordem social a ser reconstruída. Com o advento do poder espiritual positivista se instalaria a época da submissão espontânea permanente, única utopia possível.

Nas lições de *física social*, Comte refere-se à exigência moderna de uma Igreja Positivista. Realmente, para unificar as categorias sociológicas da ordem (faculdades frenológicas desiguais, submissão social espontânea e desigualdade política permanente), mas sobretudo para convencer o proletariado a abandonar o projeto de novas revoluções, como bem percebeu Augusto Comte, seria necessário transformar a *física social* em religião social.

A Religião da Humanidade, como projeto ideológico complementar da sociologia, originou-se do *Curso de filosofia positiva*. Às vésperas da revolução de 1848, foi proclamada por Augusto Comte, no seu curso popular, assistido por um número reduzido de operários.

Como podemos ver, o advento da religião positivista, na obra e na prática positivista, não se vincula ao declínio filosófico de Augusto Comte, como já se tentou sustentar. Na verdade, a ideologia religiosa esteve presente desde os escritos de juventude, na forma ainda obscura do poder espiritual moderno, e finalmente no *Curso de filosofia positiva*, obra principal de Comte, foi pensada como imanente à sociologia.

A GÊNESE SOCIOLÓGICA DA RELIGIÃO DA ORDEM

No *Curso de filosofia positiva*, o termo "religião positiva" sintetiza o conceito do poder espiritual do futuro. Além disso, a teoria dos três estados é pensada como teoria do progresso histórico do poder espiritual. Contudo, somente a partir de 1848, com o *Discurso preliminar sobre o conjunto do positivismo*, que a expressão "religião positivista", até então apenas o nome sintético de uma concepção teórica, foi substituída por Religião da Humanidade.

A Religião da Humanidade é o nome de uma instituição religiosa concreta, calcada no modelo católico, possuindo um conjunto de dogmas, culto e sacramentos, assim como uma hierarquia sacerdotal. Comte se proclamou primeiro papa da nova igreja, e com tal prerrogativa ministrou sacramentos e se dirigiu aos discípulos, nos anos de vida que lhe restavam, até 1857.

Nos quatro volumes do *Sistema de política positiva*, redigidos a partir de 1849, Comte dedicou-se aos desenvolvimentos teóricos religiosos. As reflexões destes anos estão expressivamente sintetizadas no subtítulo do *Sistema de política positiva*, que é o seguinte: Tratado de sociologia instituindo a Religião da Humanidade. Realmente, desde 1848, Comte empenhou-se totalmente na transformação da sociologia em ideologia religiosa e igreja institucional. Neste sentido, conceitos sociológicos (e também de outras ciências fundamentais, relacionadas à *física social*, mas sobretudo as "verdades frenológicas"), foram retrabalhados por Comte de modo a formarem o conjunto de dogmas da Religião da Humanidade, primeira concretização histórica do poder espiritual positivista.

SOB A BÊNÇÃO DA RELIGIÃO DA HUMANIDADE

As "Lições" de sociologia haviam ensinado que, de acordo com a sua conformação cerebral, os seres humanos estariam destinados a governar ou a serem governados. Aqueles que deveriam governar temporalmente (os chefes industriais) teriam o apoio dos escolhidos a governar espiritualmente (os sociólogos). Na sociedade, portanto, tudo deveria ocorrer de modo a se obter, continuamente, o progresso dentro da ordem. *Progresso*, ou seja, *desenvolvimento da sociedade na sua forma atual*, "industrial e pacífica"; *Ordem*, ou seja, *conservação da sociedade* sobre os fundamentos da propriedade privada do capital humano e da família, na sua forma burguesa. Estas seriam as verdades sociológicas a serem sacralizadas pela Religião da Humanidade.

A partir de 1847, a Religião da Humanidade começou a ser pensada, por seu criador, como o instrumento institucional de sacralização da "unidade social". Segundo a religião positivista, todas as *desigualdades naturais-biológicas* que haviam sido descritas pela sociologia estática, apoiada na frenologia, deveriam tornar-se objeto do culto positivista. A especificidade feminina (a afetividade) seria cultuada pela Religião da Humanidade, isto porque a Mulher simbolizaria a própria Humanidade, ou melhor, a maioria dos seres humanos de inteligência inferior e natureza intensamente afetiva. No culto da mulher e do feminino, as massas proletárias perceberiam "o elevado valor social" de suas próprias *diferenças naturais* com a elite espiritual e material da humanidade.

Além disso, segundo o projeto comteano, as mulheres deveriam cooperar com os sacerdotes da Religião da Humanidade, na educação das massas populares. Na vida real do proletariado, explica-nos Comte, que acontece sob o comando do poder temporal e está voltada para o duro trabalho, a mulher pode exercer a sua extraordinária força moral moderadora. A influência feminina modificaria, deste modo, a tendência constante de proletários abusarem da força para obter aquilo que o simples trabalho não lhes proporcionaria. Aliás, em particular no *Catecismo positivista*, Comte enaltece os méritos incomensuráveis dessa espécie de poder feminino moderador da luta de classes.

Além da "teoria feminina" e da "teoria da educação universal", o projeto da Religião da Humanidade, tal como desenvolvido por Comte, inclui reflexões fundamentais sobre o *pacto político*, na sociedade industrial. Na obra *Sistema de política positiva*, a religião positivista é pensada como sustentáculo imprescindível do contrato social moderno. Na verdade, a função mais importante do poder espiritual sociológico seria fiscalizar e garantir o cumprimento das cláusulas do acordo entre as classes industriais, ou seja, proletariado e burguesia (que Comte denomina, indiferentemente, de patriciado industrial, ricos ativos, chefes temporais, chefes industriais, administradores do capital humano, empreendedores).

A teoria política dos séculos XVII e XVIII havia pensado a questão da refundação social, após o declínio político da Igreja Católica medieval. Segundo pensadores como Thomas Hobbes (1588-1679), John Locke (e até mesmo, em certo sentido, Jean-Jacques Rousseau), o contrato social deveria se constituir em um acordo *entre indivíduos*, de forma a erradicar o conflito e a violência entre os homens (Hobbes) ou simplesmente para garantir a liberdade e a propriedade individuais (Locke). A doutrina positivista do contrato social se diferencia daquelas concepções anteriores, sobretudo porque afirma claramente que o pacto originário da sociedade industrial do século XIX deveria ser firmado *entre classes sociais*: o proletariado e os "ricos ativos", e não entre indivíduos isolados. Como podemos ler em vários escritos comteanos, "o homem individual é uma abstração, apenas a Humanidade tem realidade concreta".

Enquanto expressão dos interesses mais elevados da Humanidade, ou seja, os interesses vinculados ao progresso dentro da ordem, o pacto positivista exclui totalmente o ponto de vista da *vontade geral*. Segundo Comte, a tese político-igualitária da vontade geral expressaria "interesses particulares", ou seja, as exigências das classes inferiores: "Na sua *aplicação absoluta*, [a noção de soberania do povo] opõe-se a toda instituição regular, ao condenar indefinidamente todos os superiores a uma arbitrária dependência com relação à multidão de seus inferiores, por uma espécie de transferência, aos povos, do direito divino tão recusado aos reis". Estas reflexões encontram-se nos capítulos sobre sociologia do *Curso de filosofia positiva*.

O pacto social concebido por Comte deveria ser sustentado na confiança e na liberdade. *Liberdade*: pois dependeria do trabalho voluntário do proletariado e da livre atividade dos empreendedores. Porém a *responsabilidade* moral seria a sua maior garantia. Nesse sentido, Comte acreditava que a Religião da Humanidade poderia preparar moralmente as classes pactuantes, esclarecendo-as sobre suas respectivas responsabilidades, ou seja: "o dever de proteger" caberia aos chefes temporais com relação a seus inferiores, e "dever de se submeter" caberia aos proletários. Portanto, no lugar dos direitos naturais à liberdade e à igualdade, reivindicados pela filosofia iluminista e, em particular, pelo filósofo Condorcet, o pacto político positivista, por apoiar-se na responsabilidade moral, imporia *deveres*. Porém, dessa feita, na obra de Comte, os deveres são pensados como *naturais* no sentido estritamente biológico do termo.

75

Paradoxalmente, à maneira dos filósofos iluministas, o poder espiritual positivista estaria destinado à educação universal, esclarecendo os empreendedores sobre o significado cívico de sua posição de chefes políticos naturais da sociedade industrial. Quanto aos proletários, receberiam educação religiosa, voltada para o esclarecimento ou a "demonstração moral da necessidade eterna de chefes políticos", nas palavras de Comte. Além disso, sob a inspiração feminina, com doçura e delicadeza, o poder religioso-sociológico ensinaria a todos que as dificuldades materiais da classe proletária seriam devidas à fatalidade. Comte considerava que a principal dificuldade da disciplina social seria ensinar os operários a cultivar o sentimento de resignação. Evidentemente a doutrina positivista da submissão e do comando se apóia nas teses frenológicas, lembradas com insistência no decorrer da obra *Sistema de política positiva*.

Porém, sendo moral no fundo, o pacto positivista tinha finalidade econômica, ou seja, destinava-se à "regulamentação da atividade material", em particular à questão da distribuição da riqueza entre as classes sociais. A propriedade, no futuro estado positivista, deveria submeter-se às "finalidades cívicas", e a classe burguesa, ou seja, na expressão de Comte, "os administradores do capital humano" teriam de garantir aos proletários um ganho mínimo para sua sobrevivência e de suas famílias. Além disso, o poder espiritual cuidaria para que as relações industriais acontecessem longe dos abusos, particularmente na determinação dos salários. Quanto aos operários, educados pelo positivismo, acabariam por compreender que, embora subordinados a seus chefes industriais, serviriam à própria Humanidade e assim estariam moralmente propensos a aceitar, sem revolta, o salário de subsistência e as demais condições contratuais. Como em um *contrato de trabalho*, o pacto positivista não estava destinado à superação das desigualdades entre as partes, sendo que estas últimas, como vimos, são declaradas naturais e insuperáveis.

Comte reconhecia, entretanto, que a desigualdade econômica esteve na origem da anarquia social, de 1789 em diante. Assim sendo, o "conflito entre os chefes industriais e o moderno proletariado", para usarmos palavras de Comte, seria a questão essencial a ser regulada. Realmente, foi para apaziguar a luta de classes que Augusto Comte, em sua obra, concebeu a transformação da sociologia em Religião da Humanidade. Todos os ensinamentos sociológicos convergem finalmente para a questão da "integração do proletariado à sociedade industrial". Ou esta aconteceria através da força moral, por uma religião mistificadora da Ordem industrial, ou, em caso contrário, prevaleceria, cedo ou tarde, a indesejável destruição revolucionária da Ordem existente.

4 Conclusões: A *física social* e outras sociologias

A SOCIOLOGIA COMO SABER DA ORDEM BURGUESA

A questão da Religião da Humanidade na obra de Augusto Comte foi desprezada pela maioria dos que estudaram o positivismo. Contudo, aqueles que se preocuparam em explicar a transformação da filosofia positivista e da sociologia em religião quase sempre recorreram a fatores externos à obra comteana. Assim é que a atribuíram à suposta decadência pessoal de Comte, vinculando-a sobretudo aos sucessivos fracassos profissionais (o filósofo jamais foi admitido como mestre na Escola Politécnica) e ao profundo abalo emocional (a paixão amorosa por Clotilde de Vaux, finalizada tragicamente em 1846). O filósofo decadente, como se supôs muitas vezes, teria trocado o racionalismo filosófico pelo subjetivismo moral, concebendo a Religião da Humanidade. Essas explicações, contudo, são bem unilaterais e obscurecem o devir interno da filosofia positivista. Dos textos de juventude ao *Curso de filosofia positiva*, ou seja, da utopia saint-simoniana à criação da *física social*, aquele devir conceitual nos encaminha, como pudemos ver, à fundação do poder espiritual positivista, do qual a Religião da Humanidade era tão-somente a primeira concretização histórica. Assim entendida, a religião positivista não é contraditória com o devir do pensamento comteano e com a fundação da *física social*, sendo, na verdade, o seu mais autêntico resultado.

Realmente, na obra de Comte, o término é a concretização do princípio; o paradigma religioso substituiu o paradigma da economia política como modelo ideal da sociologia da Ordem. Como pudemos ver, transubstanciada em religião, a sociologia pôde, finalmente, desenvolver, sem subterfúgios, o seu conteúdo ideológico. Comte substituiu as explicações obscuras da economia política, como costumava dizer, pelos enunciados morais-positivos da Religião da Humanidade, pois acreditava que estivessem completamente ao alcance das massas proletárias. Enquanto a economia política, com seu "palavreado metafísico", seria socialmente estéril, a religião sociológica tinha sido pensada para produzir o milagre da harmonia social, do consenso entre as classes, enfim a esperada Ordem social permanente.

Aliás a palavra religião vem do latim *re-ligare*, em português "re-ligar". Como nos explica o próprio Comte nas páginas iniciais do *Catecismo positivista*, a Religião da Humanidade, deduzida das categorias sociológicas, foi criada para "re-ligar" as classes em luta na sociedade industrial, mas sobretudo para impedir que a revolução continuasse até a destruição da sociedade do século XIX, em seus fundamentos essenciais. Ela seria, em outras palavras, o paradigma sonhado da ciência da Ordem burguesa. Ao contrário da economia política, a ciência social soberana, a sociologia, teria como intervir na luta de classes, produzindo a ideologia conservadora, na forma da Religião da Humanidade.

Mas podemos perguntar: teriam as sociologias posteriores negado totalmente a gênese comteana? Ainda que veladamente, a sociologia originária teria permanecido, em alguma medida, como o único modelo possível? As sociologias posteriores, em algum momento, teriam sido pensadas, também elas, como matrizes da ideologia da Ordem burguesa e de outras "religiões"?

AS SOCIOLOGIAS POSTERIORES E O PARADIGMA COMTEANO

As sociologias posteriores, em larga medida, desconheceram a gênese comteana. Assim é que, raramente, Comte tem sido lembrado como fundador deste saber e criador do próprio neologismo *sociologie* (sociologia). Certas exceções significativas, como o antropólogo Claude Lévi-Strauss (1908), parecem apenas confirmar aquele esquecimento a que foi relegada a gênese comteana da sociologia. Lévi-Strauss, ao estudar as origens da sociologia francesa, escreveu: "Foi Comte que criou o nome e a ciência".

Manuais de sociologia e dicionários especializados limitam-se, em geral, a sumárias apresentações do pensamento de Comte, centradas em comentários bastante superficiais a respeito da lei dos três estados. Paradoxalmente, entre todas as teorias do século XIX e XX, a sociologia originária é a menos conhecida. Poucas reedições foram feitas das obras de Comte, que permaneceram como espécies de relíquias teóricas do século XIX, unicamente consultadas por especialistas.

Contudo o paradigma comteano continuou a influenciar diversas sociologias, desde o século XIX. Lembre-se, por exemplo, da sociologia criada por Émile Durkheim (1858-1917). Interrogações a respeito da "ordem social" e "da integração dos indivíduos à sociedade moderna" se encontram em todas as obras durkheimianas. Em *As formas elementares da vida religiosa* (1912), o sociólogo francês analisa o totemismo das sociedades australianas primitivas, que segundo acredita seria matéria de reflexões sobre as sociedades em geral. A religião, segundo Durkheim, não pode ser considerada uma espécie de fantasmagoria, como teria pensado o jovem Marx. Ao contrário, desde as sociedades mais primitivas (fundadas na "solidariedade mecânica") até as modernas sociedades (fundadas na "solidariedade orgânica"), a religião, abstraídas as suas especificidades históricas, teria sido a representação de normas e valores morais que integram o indivíduo à totalidade social. Explica-nos o próprio Durkheim: "Uma sociedade tem tudo o que é preciso para despertar nos espíritos, unicamente pela ação que exerce sobre os indivíduos, a sensação do divino: pois ela é para seus membros aquilo que deus é para seus fiéis". Nas sociedades primitivas, o sagrado social teria sido representado por totens; nas sociedades modernas os símbolos sagrados são, segundo Durkheim, as bandeiras nacionais, mas também o saber científico, canonizado como forma suprema do conhecimento, e o próprio indivíduo, reverenciado como uma espécie de deus moderno.

Sob o paradigma comteano, desenvolveram-se também outros conceitos da sociologia durkheimiana. Lembremos da célebre teoria das corporações, exposta: no prefácio à obra *Da divisão do trabalho* (1893), em *O socialismo*; (sua definição, suas origens na doutrina de Saint-Simon) (1928), assim como em *Lições de sociologia* (1950,1969). Os "agrupamentos profissionais ou corporações", afirma Durkheim, " são forças morais capazes de instituir, de legitimar e manter a disciplina [social] necessária". Nesse sentido, as corporações, a partir de uma regulação moral, uniriam patrões e empregados, para evitar a desordem social. Nas palavras do próprio sociólogo: "Dito de outra maneira, a questão social assim colocada não é mais uma questão de dinheiro ou de força; é uma questão de agentes morais".

Na época em que Durkheim preparava a *Da divisão do trabalho social*, isto é, por volta de 1886, a luta de classes na França atravessava um momento de particular intensidade, com as violentas greves de Decazeville. Como comentou o sociólogo Pierre Birnbaum, "se Durkheim então se esforçava para determinar os fundamentos da solidariedade social, se desejava reconciliar sociedade industrial e consenso, era certamente porque a sociedade francesa se encontrava ameaçada em sua estabilidade por uma clivagem social cada vez mais profunda". Autor da primeira obra sociológica significativa depois de Augusto Comte, Emile Durkheim, que foi professor de filosofia antes de tornar-se sociólogo, admitia a influência do positivismo.

Posteriormente, no entanto, outras sociologias foram desenvolvidas sem referência à sua própria gênese comteana. Como exemplo significativo, lembremos da chamada "sociologia compreensiva" concebida por Max Weber (1864-1920). A sociologia compreensiva, como explica o próprio Weber, procura reconstruir conceitualmente o "conjunto de motivos" (ou "significações") que os próprios indivíduos conferem ao seu comportamento social.

Em muitos aspectos, a sociologia weberiana procurou afastar-se do paradigma comteano. Como exemplo, lembremos que a reconstrução compreensiva do social (os tipos ideais) está centrada nas *ações individuais*, enquanto que, em sentido contrário, o conhecimento positivista pretende abarcar a *totalidade das ações sociais*. Como vimos, para Comte, o individíduo e as suas ações, tomados isoladamente, não passam de abstrações vazias, sendo que somente a humanidade teria realidade sociológica.

Além disso, a epistemologia weberiana acredita que as "ciências da cultura" podem chegar a resultados apenas *hipotéticos* e *fragmentários*, sendo portanto impossível a compreensão da totalidade social e histórica, enquanto que, do ponto de vista da epistemologia comteana, é perfeitamente possível chegar a certezas científicas e definitivas, em sociologia e história. Mesmo assim, o conhecimento sociológico, como concebido por Comte, teria um alcance limitado, sendo apenas *relativo aos fenômenos observáveis*. Em sociologia, escreveu Comte, deve ser descartada qualquer pretensão ao *conhecimento absoluto*, ou seja, à explicação dos fenômenos sociais *pelas causas*. Ao menos neste aspecto, as concepções comteanas remetem-nos à epistemologia weberiana.

Lembremos finalmente que, nos últimos anos de vida, Weber trabalhou em estudos comparativos das grandes religiões (confucionismo, taoísmo, hinduísmo, budismo, o judaísmo antigo), deixando somente incompleta a pesquisa sobre o cristianismo. É verdade que estudos weberianos sobre as imagens religiosas do mundo, ou sociologia da religião, não poderiam ser reduzidos às abstrações comteanas sobre o poder espiritual. Entretanto parece inegável que existe um campo comum de preocupações ideológico-religiosas nas teorias de Weber e de Comte.

Entre as sociologias contemporâneas, lembremos ainda da teoria pós-moderna, particularmente daquela desenvolvida por Michel Maffesoli. Em *O tempo das tribos, o declínio do individualismo nas sociedades de massas*, o sociólogo recupera algumas reflexões essenciais de Comte. Segundo Maffesoli, as manifestações atuais da sociabilidade, ou seja, os "microgrupos" ou "tribos urbanas" teriam surgido contra os intensos processos de massificação das sociedades contemporâneas. Enquanto fenômenos sociais inéditos, não poderiam ser explicados pela sociologia tradicional, exigindo a construção de conceitos novos.

Além disso, a prática política tradicional (a democracia burguesa) estaria sendo susbstituída, na época contemporânea, por outra forma de relacionamento social, ou seja, a "comunidade do sentimento". No lugar da declinante discussão política, cada vez mais irão se impor expressões grupais da afetividade. No futuro social, o sentimento será o único cimento da unidade social, explica-nos Maffesoli em artigo intitulado "O fim do ideal democrático".

Na verdade, segundo a sociologia pós-moderna a comunidade do sentimento nos remete aos paradigmas religiosos ("mitos solidaristas"), entre os quais se destacaria sobretudo a Religião da Humanidade. Em *O tempo das tribos*, Maffesoli afirma que Augusto Comte formalizou, com a Religião da Humanidade, "o mito do consenso sinergético e da afetividade". De fato, o mito religioso-positivista é retomado como paradigma pela sociologia pós-moderna, que nele se apóia para pensar a refundação contemporânea do social. Nas palavras do próprio Maffesoli: "O solidarismo ou Religião da Humanidade podem servir de pano de fundo para os fenômenos grupais com os quais somos confrontados nos tempos que correm".

SOCIOLOGIA MARXISTA?

Mas se diversas sociologias, desde Durkheim aos pós-modernos, em algum momento se inspiraram no paradigma comteano ou dele se aproximaram, podemos lembrar também de outras abordagens sociológicas que abertamente desenvolveram a crítica ao positivismo. Essas vertentes da teoria social contemporânea questionaram os fundamentos epistemológicos sobre os quais a sociologia originária foi construída, sobretudo a sua pretensão ao estatuto de ciência positiva, ou seja, à objetividade e à neutralidade dos demais saberes científicos.

Como exemplo significativo da crítica ao positivismo, lembremos a Escola de Frankfurt, criada na Alemanha em 1924, conhecida inicialmente como Instituto para a Pesquisa Social[1]. Apesar das diferenças teóricas existentes entre os intelectuais frankfurtianos, de modo geral procuraram repensar as bases conceituais da teoria social, particularmente daquela desenvolvida na época de ascensão do poder totalitário (nazismo, fascismo e stalinismo), de 1930 em diante. Em particular, Theodor Adorno (1903-1969), em *Introdução à controvérsia sobre o positivismo na sociologia alemã* (1972), e Max Horkheimer (1895-1973), em *Conceito de iluminismo* (1947), desenvolveram uma crítica abrangente ao positivismo, sobretudo quando este teria se manifestado como teoria social. A crítica frankfurtiana nos remete aos fundamentos do positivismo, ou seja, à filosofia iluminista, dominante no século XVIII, e à obra filosófica de René Descartes (1596-1650), que tinha inaugurado o racionalismo moderno[2].

---

[1] Cf. Olgária C. F. Matos, *A escola de Frankfurt – Luzes e sombras do iluminismo*. São Paulo, Moderna, 2006.

[2] Cf. Franklin Leopoldo e Silva, *Descartes – A metafísica da modernidade*. São Paulo, Moderna, 2006.

A partir de Descartes, teria se desenvolvido a crença no poder ilimitado da racionalidade filosófica. Liberta do peso da tradição e da autoridade, segundo se acreditou do século XVII em diante, a razão filosófica teria podido submeter todas as coisas aos seus conceitos, desse modo tornando-se o poder dominante na sociedade. Os frankfurtianos condenaram esta "concepção instrumental da razão". Como explicam, o pensamento iluminista, cuja gênese se encontraria no cartesianismo, mostrou-se como sendo uma concepção enganosa. Ao invés de tornar-se instrumento da libertação humana, como pretendeu a filosofia iluminista, a racionalidade instaurada desde a filosofia cartesiana transformou-se, no curso da história moderna, em poderoso instrumento de dominação de uns sobre outros, através das ciências e das técnicas que dela se originaram.

A forma final e acabada da racionalidade instrumental, segundo Adorno e Horkheimer, é o positivismo. Em si mesma, a realidade social seria contraditória, dinâmica, sujeita a mudanças profundas, de futuro imprevisível. Segundo os frankfurtianos, não seria possível reduzir as realidades sociais à ótica da racionalidade científica, pois esta capta o existente como algo insuperável, como "fato", submetendo-o a conceitos fixos que não admitem contradição e indeterminação.

Notemos contudo que, na verdade, Adorno e Horkheimer deram o nome de positivismo a uma ideologia difusa, que se fundamentaria na concepção instrumental do conhecimento científico e da filosofia ("razão instrumental"). Em geral, os teóricos frankfurtianos desvincularam a palavra "positivismo" da sua gênese, na obra de Comte. Porém o filósofo alemão Herbert Marcuse (1898-1979), que também integrou a Escola de Frankfurt, em *Razão e revolução* (1941) analisou especificamente o pensamento de Augusto Comte, submetendo-o a uma crítica aprofundada, do ponto de vista da filosofia de Hegel e da crítica social de Marx.

A abordagem marcuseana do positivismo é bastante clara. Comte teria retirado o estudo da sociedade da órbita das categorias críticas da filosofia, colocando-o sob influência das ciências positivas. Segundo Marcuse, a tradição filosófica, desde os gregos, teria construído categorias de pensamento que se opunham à imediatez empírica da sociedade e da história, em si mesmas irracionais, enquanto que, no caso do positivismo comteano, "toda a oposição às realidades sociais foi subtraída à discussão filosófica".

As reflexões marcuseanas nos remetem diretamente às concepções teóricas de Karl Marx[3]. Seria realmente correto atribuir a Marx a criação de uma espécie de sociologia? Em *O capital*, Marx caminha em sentido oposto ao de

---

[3] Cf. Márcio Bilharinho Naves, *Marx – Ciência e revolução*. São Paulo, Moderna, 2000.

Comte, desenvolvendo a crítica revolucionária da economia política burguesa, enquanto fundamento da *práxis* transformadora da sociedade. Contudo, naquela obra, para descrever o modo de produção capitalista, apóia-se constantemente nos relatos dos inspetores das manufaturas inglesas, que talvez pudessem ser aproximados de trabalhos sociológicos empíricos.

Sobre a possibilidade ou não de uma sociologia propriamente marxista, pode-se dizer que essa hipótese é bastante híbrida, pelo menos se levarmos em conta a gênese comteana deste saber. Comte criou a sociologia como ciência "acima das classes" que deveria tomar a sociedade como simples objeto de conhecimento; por seu lado, Marx nunca separou categorias teóricas e luta de classes, embora tenha se apoiado em descrições sociológicas empíricas.

Em *O capital*, Marx analisa a mercadoria "enquanto coisa, simples objeto que preenche necessidades humanas", sem contudo tomar o ponto de vista sociológico. A sua análise não se detém na realidade empírica da mercadoria. Marx mostra que, na verdade, por trás da mercadoria existem relações capitalistas de produção e que estas, por seu lado, opõem concretamente a classe burguesa (enquanto proprietária dos meios de produção) à classe operária (proprietária apenas da força de trabalho). Além disso, Marx pensa que as próprias relações capitalistas determinariam condições desiguais de existência e poderiam desencadear a luta de classes.

Portanto, do ponto de vista da teoria marxista clássica, a análise da sociedade capitalista, para ser crítica e revolucionária, deve caminhar até que seja dissolvida completamente a positividade presente dos fenômenos sociais; ao contrário, a positividade atual é exatamente o limite intransponível do conhecimento sociológico, segundo Augusto Comte. Mesmo existindo restrições e problematizações, dedutíveis da própria teoria de Marx, desde o século XIX surgiram diversas sociologias que se autodenominaram marxistas, sendo que ainda hoje, nas universidades, é comum existir disciplina "Teoria sociológica de Marx".

ALGUMAS INFLUÊNCIAS POSITIVISTAS

Em seu emprego vulgar, o adjetivo "positivista" tem um significado bem preciso. Positivistas são os atos e pensamentos excessivamente objetivos e com pretensão à verdade científica. No vocabulário comum, portanto, também o uso ideológico se impõe e ignoram-se as profundas implicações políticas e morais da palavra "positivismo".

Por outro lado, o positivismo, enquanto conjunto coerente de princípios teóricos, tem sido incorporado, como fundamento, a diversos domínios da cultura, particularmente à literatura, à história, à economia, à psicologia, ao direito. Entre os vários exemplos da vasta influência teórica do positivismo, tomemos dois, bastante significativos, em âmbitos teóricos bem diversos: da teoria literária e da economia política. O escritor francês Émile Zola (1840-1902), fundador do naturalismo, sob influência das idéias de Augusto Comte concebeu o romance como local de observações e de experimentações com a natureza humana, ou seja, a literatura pensada como uma espécie de laboratório de pesquisa de "determinações biológicas" da personalidade humana e da própria sociedade. Em *O romance experimental* (1880), obra que sintetiza a teoria do naturalismo literário, Zola escreveu que bastaria substituir a palavra "médico" por "romancista" para tornar clara a sua concepção de romance e lhe dar um rigor científico, de inspiração positivista.

Por outro lado, em âmbito cultural completamente diferente, ou seja, na economia, o positivismo igualmente aparece como fundamento teórico. Para pensar a epistemologia da economia política, costuma-se recorrer ao ensaio "Da definição de economia política e do método de investigação próprio a ela" (1848) de John Stuart Mill, ele próprio, além de economista, filósofo e discípulo direto de Augusto Comte.

POSITIVISMO NA AMÉRICA LATINA E NO BRASIL

Na América Latina, o positivismo desenvolveu-se intensamente, durante a segunda metade do século XIX, sobretudo na sua forma doutrinária, como Religião da Humanidade. O paradigma comteano encontrou na América Latina, ao que parece, a sua terra prometida.

Como disciplina acadêmica, o positivismo apareceu, por toda a América Latina, na segunda metade do século XIX. No Uruguai, a partir de 1875 foi o pensamento hegemônico na Universidade de Montevidéu, sob a influência do reitor Alfredo Vásquez Acevedo. Na Venezuela, o ensinamento do positivismo era feito na Universidade de Caracas, por volta de 1870, por Rafael Villavicencio, catedrático de filosofia da história. Na Argentina, no México, e nos demais países latino-americanos, o positivismo comteano fez discípulos acadêmicos, e grande quantidade de obras foram escritas sob sua influência.

Mas também a doutrina religiosa comteana floresceu na América Latina, como em nenhuma outra parte do mundo. Igrejas positivistas foram criadas por toda parte, sendo que entre todas, destacam-se a chilena, fundada por Juan Enrique Lagarrigue, e a brasileira, proclamada por Miguel Lemos (1854-1971) e Teixeira Mendes (1855-1927), em 1881.

Na verdade, as primeiras manifestações positivistas no Brasil datam de 1850. Já naquela época, conceitos positivistas despontavam em teses acadêmicas, de física e matemática, defendidas na Escola Militar do Rio de Janeiro, como a do maranhense Manuel Joaquim Pereira de Sá, que tinha como tema os princípios da estática social comteana. Em 1858, Muniz de Aragão publica na Bahia uma obra intitulada *Elementos de matemática*, na qual se refere à sociologia como uma ciência que se completa com a "teleologia, ou ciência dos fins, em substituição à moral".

Como observou João Cruz Costa[4] (1904-1978), em sua história da filosofia no Brasil até 1870, a presença do positivismo tinha se limitado ao meio acadêmico, desenvolvendo-se particularmente no sul do país e na Escola Militar do Rio de Janeiro. Benjamin Constant (1836-1891), militar de ideais republicanos e matemático, representante da pequeno-burguesia da época, foi o grande propagandista do positivismo nas escolas militares. Levou para o movimento republicano os seus jovens discípulos formados no positivismo comteano. Em cartas de 1867, redigidas nos campos de batalha da Guerra do Paraguai, confessa que era "um adepto da Religião da Humanidade".

Também, no Brasil do século XIX, a doutrina comtena serviu de fundamento para reivindicações sociais, aparentemente contestadoras. É o caso da escritora Nízia Floresta (1809-1885), autora do *Opúsculo humanitário* (1853), obra sobre educacão feminina, escrita sob a influência direta de Comte. Em 1851 ela freqüentou, em Paris, o curso popular de Augusto Comte, tendo sido designada, pelo próprio filósofo, para criar no Brasil o primeiro "salão positivista". Nízia Floresta, que nas últimas décadas vem sendo lembrada como figura simbólica do feminismo no Brasil, de fato teve um percurso militante e intelectual revelador do entrecruzamento da doutrina positivista com reivindicações sociais aparentemente progressistas (no caso, "pela emancipação feminina através da educação").

Desde 1874, na cidade do Rio de Janeiro formaram-se dois grupos de positivistas, sendo que apenas um deles considerava que a doutrina religiosa fosse o desfecho necessário da filosofia positivista. Deste último agrupamento, origina-se, em 1º de abril de 1876, a primeira Sociedade Positivista do Brasil. Mas foi somente em janeiro de 1881 que os jovens Miguel Lemos e Teixeira Mendes, por ocasião da Festa da Humanidade, criaram a Igreja e o Apostolado Positivista do Brasil, cujo templo ainda permanece intacto na cidade do Rio Janeiro.

---

[4] João Cruz Costa é autor da mais importante obra sobre o positivismo no Brasil, do ponto de vista de sua formação teórica e histórica, no século XIX. Entre outras obras, destaca-se o importante trabalho intitulado *O desenvolvimento da filosofia no Brasil no século XIX e a evolução histórica nacional*, São Paulo, USP, 1950.

O positivismo no Brasil conseguiu adeptos particularmente na pequeno-burguesia comercial e burocrática, que tinha se formado ao mesmo tempo que aconteciam grandes progressos econômicos no país, isto é, desde 1850. Aliás, o estudo da biografia dos positivistas brasileiros, realizado por Cruz Costa, mostra de forma bem concreta que os representantes da doutrina importada colocavam-se, de um modo ou de outro, sob as exigências do capitalismo brasileiro do século XIX. Esses primeiros positivistas brasileiros foram, em sua maioria, médicos, militares e engenheiros, ou seja, como comenta Cruz Costa, originavam-se das cidades em crescimento ou vinculavam-se a elas e aos novos interesses industriais, em oposição à burguesia tradicional, formada pelos proprietários da terra. Lembremos, como exemplos significativos, que Miguel Lemos era filho de um oficial da Marinha; Teixeira Mendes provinha de família abastada, e seu pai formara-se engenheiro pela Escola Central de Paris; Luis Pereira Barreto (1840-1923), autor de *As três filosofias*, tinha estudado na Bélgica, era filho de comendador, pertencendo à burguesia mineira que imigrou para o vale do Paraíba, no início da grande lavoura cafeeira.

Realmente, o movimento republicano, que no aspecto ideológico representou politicamente os interesses econômicos da burguesia não-tradicional, podia se identificar facilmente com a doutrina do progresso, dentro da ordem. Nesse sentido, comenta Cruz Costa: "O ideal republicano era feito mais de revolta contra a hipocrisia política reinante do que, de fato, de espírito verdadeiramente democrático da nova burguesia [brasileira], sequiosa de introduzir a *sua* ordem e a *sua* concepção de progresso; isto determinaria inúmeras adesões e conversões ao positivismo".

A bandeira da República, adotada desde 19 de novembro de 1889, foi idealizada inteiramente por Miguel Lemos e Teixeira Mendes, segundo os ensinamentos da estática social de Augusto Comte, no *Sistema de política positiva* (ou Tratado de sociologia instituindo a Religião da Humanidade). Os "apóstolos positivistas", como eram chamados, deram a seguinte significação à frase "Ordem e Progresso", que escolheram para figurar na bandeira brasileira: "É que, nas palavras de Augusto Comte: o progresso é o desenvolvimento da ordem, assim como a ordem é a consolidação do progresso, o que significa que não se podem romper subitamente os laços com o passado e que toda reforma, para frutificar, deve tirar seus elementos do próprio estado de coisas a ser modificado"[5].

---

[5] Justificativa do lema da bandeira nacional, escrita por M. Lemos e T. Mendes, a pedido de Rui Barbosa, no *Opúsculo* nº 10 da Igreja Positivista do Brasil.

Parte II

Antologia

[SOB UTOPIA SAINT-SIMONIANA](*)(**)

> Programmes des travaux qui seront employés dans l'ouvrage *l'Industrie*, 3º v. set. -out. 1817. In: COMTE, A. *Écrits de jeunesse*; 1816-1828, Paris, Archives Positivistes-Mouton, 1970. p. 43-91.

A verdadeira sociedade, a sociedade industrial, compõe-se de duas grandes classes de homens: uns dedicam-se ao conhecimento das leis da natureza; outros aplicam esses conhecimentos à produção de coisas úteis ou agradáveis.

Esta última classe, de longe a mais numerosa, produz todas as riquezas da sociedade; tudo se relaciona a essa classe, tudo deve ser organizado segundo seus interesses porque, em última análise, a produção é o verdadeiro fim da sociedade; o conhecimento é apenas um dos meios para se atingir esse fim.

Tudo deve, tudo pode se referir à indústria, sem dúvida; mas é preciso que isso seja realizado efetivamente. A indústria deve dominar, mas tem apenas um papel subalterno; a indústria possui realmente todos os meios, todas as forças, apesar disso é anulada. Qual a razão disso? Isso ocorre porque os produtores estão isolados, porque suas forças que, se reunidas, tudo conduziriam, são quase nulas quando isoladas. A indústria conquistará toda a influência que pode ter quando for constituída, quando, antes de dizer: eu sou um fabricante, sou banqueiro etc., cada qual disser: eu sou produtor. Mas, para constituir a indústria, é preciso constituir, de um lado, a teoria e, de outro, a aplicação, fazendo com que todas as duas se entendam e colaborem; é preciso, de um lado, reunir todos os sábios teóricos; de outro, todos os práticos, todos aqueles que diretamente obtêm os produtos; e coordenar, em seguida, a reunião de seus esforços. [...]

Todo empreendimento de aplicação tem por finalidade obter resultados úteis ou agradáveis. Qualquer que seja o produto, a questão fundamental é obtê-lo fazendo o menor sacrifício possível. Obter o melhor produto pelo menor preço, eis uma questão que se coloca por toda parte e à qual todas as demais estão subordinadas. Essa consideração dirige até mesmo o emprego dos conhecimentos teóricos; pois, por exemplo, ainda que a química nos tenha ensinado que o diamante pode servir para fazer o aço, é bem provável que, se não existisse esse meio, nos privaríamos de aço ao invés de empregá-lo.

---

* Tradução de Lelita Oliveira Benoit.
** Os títulos entre colchetes não pertencem ao texto original.

Portanto, a consideração fundamental das pesquisas de aplicação é a mesma por toda parte. Contudo, há mais ainda; se a finalidade é comum, igualmente são os meios ou, ao menos, uma parte dos meios. Em todo negócio de aplicação, há certos princípios constantes que não dependem absolutamente da natureza do produto a obter e que somente dizem respeito à organização financeira, à economia do empreendimento.

Qualquer que seja a produção à qual nos dediquemos, é sempre útil, por exemplo, que haja divisão do trabalho, concorrência entre os trabalhadores etc. Em uma palavra, é evidente que existem meios gerais de produzir princípios aplicáveis a todos os gêneros de produção. O conjunto desses princípios forma uma verdadeira filosofia da aplicação. [...]

Até hoje não passou despercebida a existência de princípios gerais das ciências de aplicação e de sua extrema importância. Tudo o que sabemos desses princípios foi descoberto e ensinado pelos sábios que trataram da economia política, sendo que, nas obras recentemente publicadas sobre essa ciência, encontram-se todos os meios gerais de produção até hoje conhecidos. Mas estes, por assim dizer, estão ali apenas acidentalmente; não foram concebidos como deveriam, como filosofia das ciências de aplicação. Com efeito, o que tem sido a economia política até o presente? Nada além de uma ciência que expõe como se desenrolam os fatos da produção, da distribuição e do consumo das riquezas. Para mostrar como tudo aquilo se engendra, seria preciso conhecer claramente os meios de que os homens se servem para produzir e por que esses meios foram ali mencionados; mas isso tudo não é muito questionado. Os princípios gerais da produção são apenas considerados como fatos; mas os produtores os inventaram; os escritores nada mais fizeram que observá-los, isso é tudo. Contentaram-se em dizer: eis como os homens procedem para produzir; mas ninguém tentou saber como deveriam proceder para produzir o mais possível. Se alguma vez essa questão foi tomada em consideração, foi apenas para ensinar aos governantes os meios de retirar da indústria a maior quantidade possível de dinheiro. Tal foi a finalidade da economia política em sua origem; hoje, ela começa a perder esse caráter, mas por agora não tem nenhum, ou, ao menos, é bem tímida, bem vaga; é uma ciência dos fatos, sem finalidade. A economia política não ousa mostrar os meios para produzir que não sejam aqueles apontados pelos fatos, porque teme estar em oposição aos princípios gerais que presidem a administração pública.

Portanto, enganar-se-ia quem pensasse que a economia política no seu estado atual é aquilo que chamamos de filosofia de ciências de aplicação e que, por conseqüência, o que propomos é que seja feita uma obra já executada.

Para tornar-se a ciência da produção, a economia política deve ser inteiramente refeita segundo perspectivas mais amplas, mais ousadas, mais gerais. Além de conter preceitos gerais da produção apenas de maneira acidental e tímida, ocorre — do ponto de vista sob o qual é tratada — de a atenção fixar-se apenas nas relações com a política, enquanto que os meios de produzir prescritos [pela economia política] são inteiramente apropriados tanto à economia de uma família ou de um indivíduo quanto à de uma nação. Ainda não se percebeu que a política, e mesmo a ciência social como um todo (isto é, a política e a moral), nada mais é do que um caso particular das ciências de aplicação.

Entretanto, qual é a finalidade da política? É unicamente fazer conhecer os meios necessários para impedir que a produção seja perturbada. É para isso que os governos são instituídos. Mas essa proteção do governo nada mais é do que um serviço indispensável a qualquer produção, que deve ser considerado pelos industriais como um produto do qual todos têm necessidade, como uma ferramenta da qual devem se munir antes de pensar em produzir. Fazer com que esse produto seja o melhor possível e de mais baixo preço é fazer com que, por pouco dinheiro, se tenha a maior segurança, eis aqui a política por inteiro, eis aqui como ela aparece quando reduzida a seus termos mais simples, quando deixamos de lado o palavreado inútil para nos atermos ao que é positivo. Se isso for verdade, como não podemos duvidar, não é então claro que a política é um caso particular da ciência da produção? [...]

[...] A administração pública nada mais é do que um negócio industrial, executado pelo governo com fundos da sociedade: esse negócio é do tipo daqueles em que os produtos são destruídos tão logo consumidos, como os serviços produtivos de um médico, por exemplo; há apenas uma diferença real entre esses dois produtos que é a seguinte: o do governo é de consumo mais extenso, porque todos os produtores não têm necessidade de tomar purgativos e se submeterem a sangrias, mas todos têm necessidade de serem protegidos contra a ação espoliadora dos ociosos. [...]

Desse modo, a obra que deve apresentar os preceitos gerais da produção de maneira clara e atraente é do mais alto interesse para os produtores de todas as classes; pode lhes trazer grandes benefícios e preservá-los de graves inconvenientes:

1°) A propagação desses princípios deve assegurar aos grandes empreendedores da indústria a manutenção de suas propriedades, por dissipar os preconceitos populares que levam a classe pobre a se opor aos aperfeiçoamentos na fabricação dos produtos. Porque uma máquina simplifica a mão-de-obra, o povo a quer destruir. Esse é o princípio que guia os excessos diários cometidos, na Inglaterra, por aqueles que são chamados de Luddistas. Ora, de onde se origina isso tudo? De que o povo ignora que é sempre de seu interesse que os custos da produção sejam diminuídos, porque então se obterão em maiores quantidades as coisas que lhe são necessárias; porque, além do mais, se tal fábrica exige menos braços, serão multiplicadas as fábricas do mesmo tipo e haverá, definitivamente, mais braços ocupados.

Em geral, o conhecimento dos princípios fundamentais da produção levará, entre o povo, a um respeito refletido por toda propriedade, desde que todos percebam que a manutenção das propriedades é tão necessária ao pobre quanto ao rico.

2°) Os grandes empreendedores da indústria, esclarecidos sobre a teoria geral da produção, se convencerão de que os empreendimentos mais lucrativos não são aqueles cujos produtos custam mais caro, mas sim aqueles que têm por fim as coisas cujo consumo é mais geral. Então, tendo em vista o seu próprio interesse, se ocuparão menos de objetos de luxo e mais de objetos de primeira necessidade. As especulações se voltarão sobretudo para estes últimos produtos; assim eles serão mais abundantes e mais baratos, resultando em melhoria na condição do povo. [...]

Enfim, os governos têm também interesse que esses princípios sejam divulgados; pois as insurreições serão abominadas desde que cada um sinta que o primeiro meio da produção é a tranqüilidade.

Tais são os principais resultados aos quais um tratado da produção deverá nos conduzir, se feito no espírito que indicamos. Seguramente, uma obra como essa merece o engajamento de todos os homens que desejem francamente sua felicidade e a da espécie.

Observemos de novo, para terminar, que esse trabalho é inteiramente novo. Foi preciso, para conceber essa idéia, que a economia política tivesse chegado no ponto em que se encontra atualmente; mas as pessoas que refletiram sobre essa ciência se convencerão facilmente de que os tratados de economia política que foram realizados até o presente não tornam este trabalho inútil, o tornam possível e isto é tudo. [...]

As pessoas que leram com atenção as primeiras páginas do volume precedente sabem por que, em nossa linguagem, *sociedade, sociedade industrial* e *indústria* são palavras exatamente sinônimas. Sem dúvida, admitem, como nós, que todo homem que produz utilmente para a sociedade é, apenas por essa razão, membro da sociedade; que todo homem que nada produz está, apenas por essa razão, fora da sociedade e é seu inimigo; que tudo aquilo que impede a produção é mau; que tudo aquilo que a favorece é bom. Enfim, que as relações industriais são as únicas positivas e importantes, as únicas sobre as quais podemos entrar em acordo, sobre as quais é necessário se deter; disso tudo concluímos que naturalmente toda a ciência política, toda a moral civil se reduzem:

1°) a introduzir em nossas instituições sociais tudo aquilo que é favorável à produção, a fazer desaparecer dessas mesmas instituições tudo que a entrave;

2°) a facilitar ao máximo o desenvolvimento dos costumes industriais, a encorajar o trabalho; a combater, a desencorajar a ociosidade; a homenagear a produção; a restabelecer a dignidade social dos produtores; a fazer com que tenham direito sobretudo ao respeito, ao reconhecimento público, à glória.

[CIÊNCIA SOCIAL E ECONOMIA POLÍTICA]*

Du budget [Do orçamento], 1° e 2° artigos
In: *Écrits de jeunesse*, 1816-1828, p. 113-127.

Pode parecer, à primeira vista, bem singular que, desde mais ou menos dois séculos, os publicistas, sem excluir os mais destacados, venham escrevendo um pouco metodicamente sobre a ciência social sem, contudo, ainda ter conseguido dirigir suas principais pesquisas ao ponto capital da ciência, e que tenham empregado todas as suas forças para tratar de uma questão acessória. Entretanto, é isso que tem ocorrido.

Desde Bodin até Montesquieu e até mesmo após Montesquieu, os publicistas têm concentrado todos os seus trabalhos, todas as suas discussões, examinando a forma dos governos. Discorreram com muita erudição e calorosamente a favor ou contra a monarquia, a favor ou contra a aristocracia, a favor ou contra a democracia. Cada qual tomou partido favorável a uma dessas formas [de governo] e todos pareceram de acordo que essa era a discussão mais importante de todas. Acreditou-se que quando estivessem, de uma vez por todas, decidido

---

* Tradução de Lelita Oliveira Benoit.

finalmente qual das três formas de governo, admitidas por Aristóteles, deve ser a preferida, não restaria nada mais de essencial a fazer em política, e o grande problema social estaria solucionado. [...]
Se nos dedicarmos a refletir bem sobre isso, tratando de evitar as prevenções habituais, concluiremos, não temo dizê-lo, que essa direção dos trabalhos é inteiramente errônea. No que me diz respeito, estou profundamente convencido de que é por um curioso desprezo que se considera a questão da forma do governo como a mais importante de todas as pesquisas sociais. Essa questão, ainda que sua discussão possa ser certamente bastante interessante e bastante útil, parece-me, entretanto, puramente acessória e secundária.

Há na ordem política alguma coisa que é mais importante que a divisão dos poderes: a composição do orçamento. Este último é verdadeiramente o grande problema social, pois, entre os povos modernos, a dificuldade principal da sociedade é o imposto. [...]

No estado atual das sociedades, os governos não podem mais executar nenhuma de suas concepções políticas sem o dinheiro dos governados, o qual requisitam ou tomam, de acordo com os lugares e os tempos, pois não há medida política que não exija gastos e que esses gastos são necessariamente tomados em sua totalidade dos fundos da nação, isto porque os governos não têm riqueza que lhes seja própria.

Desse modo, por exemplo: os governantes querem empreender uma guerra? É necessário certamente que a nação pague o custo de manutenção das baionetas.

Se querem submeter a liberdade individual, têm que espoliar a nação para comprar uma longa hierarquia de espiões, de policiais e de carcereiros.

Se querem organizar a escravidão da imprensa, é indispensável que a nação compre a obscura perspicácia dos censores e a eloqüência fulminante dos fabricantes de requisitórios etc. etc.

É preciso salientar que, relativamente às despesas pessoais, os chefes dos governos modernos são do mesmo modo dependentes dos governados, visto que, de uma parte, a renda privada, da qual viviam em outros tempos, tornou-se, aos poucos, mais e mais insuficiente, pelo grande aumento das despesas devidas aos progressos da indústria, que multiplicaram consideravelmente os meios de prazer; e, de outra parte, mesmo aquela renda acabou por ser dissipada inteiramente pela alienação sucessiva que os governos se viram obrigados a fazer de todos os seus domínios de alguma importância.

De tal sorte que hoje os governantes somente podem exercer o menor ato de poder com o dinheiro da nação: é também, em última análise, a nação que os alimenta, que os veste, que lhes dá belos palácios e equipamentos de caça. Em uma palavra, o imposto tornou-se, para os governantes, a condição *sine qua non* de sua existência, ao mesmo tempo que o verdadeiro fundamento do poder. [...]

Podemos representar o imposto como o sangue do corpo político, e a Câmara dos Comuns como seu coração. Por ter o direito exclusivo de fazer o orçamento, ela tem pleno poder de determinar, segundo sua vontade, a vida política; de colocar em atividade somente os princípios que lhe convêm e as funções administrativas que lhe agrada alimentar. [...]

Antes que a ciência da economia política tivesse sido criada, era impossível cultivar a política tendo por assunto principal das pesquisas a coordenação do sistema financeiro. Naquela época, talvez alguns publicistas tenham percebido vaga e sumariamente toda a importância daquela coordenação [financeira]; contudo, não poderiam guiar os seus trabalhos por aquela idéia, porque os conhecimentos indispensáveis para investigar tal questão não existiam ainda. Foi apenas a partir dos trabalhos de Smith e de seus sucessores que as idéias sobre as finanças foram elucidadas e se tornou possível a formação de noções claras e justas sobre a natureza e os efeitos do imposto e sobre o emprego que dele se pode fazer. [...]

É evidente que o conhecimento daquela que é chamada de economia política é uma condição, senão completamente suficiente, ao menos rigoramente indispensável para tratar a questão das finanças; por conseqüência, não deve causar espanto se, antes de essa ciência existir, os publicistas não tivessem quase se ocupado, ou apenas acessória e passageiramente, do exame da questão [financeira], e se, mesmo hoje, não lhe atribuam ainda toda atenção que ela merece.

[O PODER ESPIRITUAL]

Considerações sobre o poder espiritual (1826).
In: *Opúsculos de filosofia social*; 1819-1828.
Trad. Ivan Lins e João Francisco de Souza. Porto Alegre/ São Paulo, Globo/ Editora da Universidade de São Paulo, 1972. p. 179-182, 195-197.

Os diversos sistemas sociais, estabelecidos na Antiguidade, tiveram, como caráter comum, a confusão do poder espiritual com o temporal, quer um deles fosse completamente subordinado ao outro, quer estivessem ambos nas mesmas mãos, o que ocorreu com maior freqüência. Sob este aspecto, tais sistemas devem ser distinguidos em duas grandes classes, de acordo com aquele dos dois poderes que era predominante.

Nos povos onde, pela natureza do clima e da localidade, a filosofia teológica pôde formar-se rapidamente, enquanto o desenvolvimento da atividade militar permaneceu restrito, como no Egito e em quase todo o Oriente, o poder temporal foi, apenas, uma derivação e um apêndice do espiritual, regulador supremo e contínuo de toda a organização social, até nas menores particularidades. Ao contrário, nos países onde, por influência oposta de circunstâncias físicas, a atividade humana cedo se voltou essencialmente para a guerra, o poder temporal não tardou a dominar o espiritual, e a empregá-lo regularmente como instrumento e auxiliar. Tais foram, sem grandes discrepâncias, os sistemas sociais da Grécia e de Roma, apesar de suas importantes diferenças.

Não cabe aqui explicar por que essas duas organizações foram necessárias aos países e às épocas em que se estabeleceram, nem como concorreram, cada qual a seu modo, para o aperfeiçoamento geral da espécie humana. Só as mencionamos agora para mostrar, com precisão, a diferença política mais importante que existiu, ao longo da duração do sistema teológico e militar, entre os caracteres que apresentou na antiguidade e os que tomou na Idade Média.

Nesta última época, não só o sistema teológico-militar experimentou imenso aperfeiçoamento, pela fundação do catolicismo e do feudalismo, mas, além disto, a grande modificação política resultante desse estabelecimento, isto é, a divisão regular entre o poder espiritual e o temporal, deve ser considerada como tendo melhorado extremamente a teoria geral da organização social em toda a duração possível da espécie humana, e sob qualquer regime que deva subsistir. Por esta admirável divisão, as sociedades humanas puderam naturalmente estabelecer-se em cada escala muito maior, graças à possibilidade de reunir, sob um mesmo governo espiritual, populações muito numerosas e variadas de modo a exigirem diversos governos temporais distintos e independentes. Em uma palavra, pôde-se assim conciliar, em grau até então quimérico, as vantagens opostas da centralização e da difusão políticas. Tornou-se mesmo possível conceber, sem absurdo, um futuro longínquo, mas inevitável, a reunião de todo o gênero humano, ou, pelo menos, de toda a raça branca, em uma única comunidade universal, o que implicaria contradição, enquanto os poderes espiritual e temporal estivessem confundidos. Em segundo lugar, no interior de cada sociedade particular, o grande problema político, que consiste em se conciliar a subordinação ao governo, necessária a manutenção da ordem pública, com a possibilidade de se lhe retificar a conduta, quando se torna viciosa, foi resolvido, tanto quanto podia sê-lo, pela separação legal, estabelecida entre o governo moral e o governo material. A submissão pôde deixar de ser servil, tomando o caráter de assentimento voluntário, e a admoestação pôde deixar de ser hostil, ao menos dentro de certos limites, apoiando-se num poder moral legitimamente constituído. Antes desta época, não havia alternativa entre a submissão mais abjeta e a revolta direta, e tais são ainda as sociedades como todas aquelas organizadas sob o ascendente do maometismo, onde os dois poderes se acham legalmente confundidos desde a origem.

Assim, em resumo, pela divisão fundamental organizada na Idade Média, entre o poder espiritual e o temporal, as sociedades humanas puderam ser, ao mesmo tempo, mais extensas e melhor ordenadas, combinação que todos os legisladores, e mesmo todos os filósofos da antiguidade, haviam proclamado ser impossível.

Embora haja o sistema católico e feudal produzido, tanto quanto comportava a época em que dominou, todas as vantagens gerais que acabo de apontar como inerentes à divisão dos dois poderes, e haja assim contribuído, mais poderosamente do que todos os sistemas anteriores, para o aperfeiçoamento da humanidade, cumpre não deixar de reconhecer que sua decadência era, ao mesmo tempo, de todo inevitável e rigorosamente indispensável.

Demonstrei precedentemente que a filosofia teológica e o poder moral, nela baseado, não podiam e não deviam ter, por sua natureza, senão um império provisório, mesmo no estado mais perfeito que puderam atingir, isto é, o catolicismo. Estabeleci que, depois de haverem dirigido o gênero humano, em sua educação preliminar, deviam necessariamente ser substituídos, em sua virilidade, por uma filosofia positiva e um poder espiritual correspondente. É muito mais fácil fazer uma demonstração análoga a respeito do poder temporal que, fundando-se primitivamente na superioridade militar, deve, por fim, ser essencialmente ligado à preeminência industrial no modo de existência para o qual tendem, cada vez mais, as sociedades modernas.

Destarte, por mais elevado que fosse o valor do sistema católico-feudal, para a época de seu triunfo, o desenvolvimento da espécie humana, na dupla direção científica e industrial, devia necessariamente acabar por destruí-lo, e tanto mais rapidamente quanto este sistema, mais do que qualquer outro, favoreceu tal desenvolvimento. Provei mesmo que, sob o ponto de vista espiritual, podia notar-se, na primeira fase deste sistema, o germe de sua destruição, que se desenvolveu imediatamente após a época do seu maior esplendor. Esta observação, que é fácil estender à ordem temporal (pois a abolição da escravatura e a emancipação das comunas quase coexistiram com o estabelecimento completo do feudalismo), é evidente manifestação da natureza provisória do sistema social da Idade Média.

Não faço aqui o histórico da formação desse regime nem de sua dissolução. Mas, para colocar em toda a sua evidência o estado moral da sociedade de nossos dias, que é o assunto próprio deste opúsculo, devo lançar uma vista geral sobre a maneira pela qual se operou a desorganização espiritual desse sistema e as principais conseqüências que engendrou.

A destruição de um sistema social e a formação de outro são, por natureza, duas operações muito complicadas, exigindo muito tempo para serem levadas a efeito. Primeiro, a instituição de uma nova ordem política supõe a destruição prévia da ordem precedente, quer para tornar possível a reorganização, afastando os obstáculos que a impediam, quer para fazer sentir, convenientemente, a sua necessidade pela experiência dos incovenientes da anarquia. Mas pode mesmo dizer-se, sob o ponto de vista puramente intelectual, que o espírito humano, em conseqüência da fraqueza de seus meios, não poderia elevar-se à concepção clara de um novo sistema social enquanto o anterior não fosse quase inteiramente dissolvido. Seria fácil verificar, por numerosos exemplos, esta deplorável necessidade.

Todas as vezes em que a espécie humana é levada a passar de um regime político para outro, apresenta-se, pela própria natureza das coisas, uma época inevitável de anarquia, pelo menos moral, cuja duração e intensidade são determinadas pela extensão e importância da reforma. Este caráter anárquico devia desenvolver-se necessariamente no mais alto grau, durante o período de desorganização do sistema católico e feudal, já que se tratava, então, da maior revolução que jamais se pôde verificar na espécie humana: a transição direta do estado teológico e militar para o estado positivo e industrial. Relativamente a ela, todas as revoluções anteriores foram apenas simples modificações. Foi também o que ocorreu nos séculos XVI, XVII e XVIII, durante os quais essa desorganização se efetuou.

Em todo o curso deste período, que se pode, com todo direito, qualificar de revolucionário, todas as idéias anti-sociais foram agitadas e transformadas em dogmas, a fim de serem empregadas, de maneira contínua, na demolição do sistema católico e feudal, e reunir, contra ele, todas as paixões anárquicas que fermentam no coração humano, e são, nos tempos normais, comprimidas pela preponderância de um regime social completo.

Assim, o dogma da liberdade ilimitada de consciência foi criado, a princípio, para destruir o poder teológico; em seguida o da soberania do povo para derrubar o poder temporal; e, por fim, o da igualdade, para dissolver a antiga classificação social, sem falar das idéias secundárias, menos importantes, que constituem a doutrina crítica, dentre as quais cada uma procurava demolir uma peça correspondente do antigo sistema político.

Tudo o que se desenvolve com espontaneidade é necessariamente legítimo durante certo tempo, uma vez que satisfaz, por isto mesmo, alguma necessidade social. Estou muito longe, também, de desconhecer a utilidade e mesmo a absoluta necessidade da doutrina crítica nos três últimos séculos. Creio, além disto, que essa doutrina subsistirá inevitavelmente, apesar de todas as aparências contrárias, até o estabelecimento direto de um novo sistema social, e que exercerá, durante todo esse tempo, uma influência *indispensável*, e só então a existência do antigo sistema poderá ser tida como irrevogavelmente extinta. Mas, se, neste sentido, a ação da doutrina crítica deve ser considerada ainda necessária, em certo grau, ao desenvolvimento da civilização, não deixa de ser hoje, sob um aspecto muito mais importante, o principal obstáculo ao estabelecimento da nova ordem política, cujo preparo a princípio facilitou.[...]

O poder espiritual tem, como destino próprio, o governo da opinião, isto é, o estabelecimento e a manutenção dos princípios que devem presidir às diversas relações sociais. Esta função geral se divide em tantas partes quantas são as classes distintas de relações, porque não há, por assim dizer, nenhum fato social em que o poder espiritual não exerça certa influência, quando está bem organizado, isto é, quando guarda exata harmonia com o estado de civilização correspondente.

Sua atribuição principal é, portanto a direção suprema da *educação*, quer geral, quer especial, mas, sobretudo, da primeira, tomando esta palavra em sua acepção mais ampla, fazendo-a significar o sistema completo de idéias e de hábitos, necessário ao preparo dos indivíduos para a ordem social em que têm de viver, e para adaptar, tanto quanto possível, cada um deles à função particular que aí deve desempenhar.

É nesta grande função social que a ação do poder espiritual se torna mais nítida, porque lhe pertence exclusivamente, enquanto, em todos os outros casos, sua influência se entrelaça, mais ou menos, com a do poder temporal. É por este meio que prova, de maneira decisiva, suas forças e , ao mesmo tempo, estabelece os fundamentos mais sólidos de sua autoridade geral. A *educação* abrange mesmo o conjunto das funções nacionais do poder espiritual, se se compreendesse nelas, a exemplo de alguns filósofos, além do preparo da mocidade, a ação, tão importante, exercida sobre os homens adultos, seu complemento necessário e sua conseqüência inevitável.

Esta segunda classe de funções espirituais consiste em representar continuamente, na vida ativa, quer aos indivíduos, quer às massas, os princípios de que foram imbuídos, a fim de lhes recordar sua observância, quando dela se afastarem, enquanto os meios morais forem eficazes para isto[1].

Tais são, sumariamente, as funções gerais do poder espiritual, considerado em uma nação isolada.

[...] O segundo grande objetivo incontestável do exercício do poder espiritual: a reunião de todos os povos europeus, e, em geral, do maior número possível de nações, em uma só comunhão moral. Esta última função, que completa o quadro de suas atribuições, reduz-se, como as precedentes, ao estabelecimento contínuo de um sistema de educação uniforme para as diversas populações, e da influência regular que é a sua conseqüência necessária. É por aí que o poder espiritual se acha investido, em relação aos diferentes povos e a seus chefes temporais, da parte de autoridade indispensável a fim de serem levados, voluntária, ou involuntariamente, a submeter-lhe à arbitragem suas contestações, e a receber dele um impulso comum nos casos que exigem ação coletiva.

Assim, em resumo, a vida dos indivíduos e a dos povos se compõem, alternadamente, de especulação e de ação, ou, em outros termos, de tendências e resultados. Estas duas ordens de fatos se entrelaçam de mil maneiras na existência real. O poder espiritual tem por objeto próprio e exclusivo a regulamentação imediata da primeira, e o poder temporal a da segunda.

---

[1] Além dessas duas ordens de funções, o poder espiritual exerce ainda, evidentemente, como corporação sábia, influência consultiva, direta ou indireta, em todas as operações sociais. Ma este último gênero de atribuições, que se tenta agora conceber como muito amplo, e mesmo como principal, raciocinando de acordo com a educação tão viciosa e tão incompleta que se tem sob os olhos, entra essencialmente numa ou noutra das duas precedentes ordens de funções quando se considera um sistema social bem organizado, e foi por isto que não fiz, neste esboço sumário, menção expressa a seu respeito. Quando a educação é o que deve ser, quase nunca sucede que os indivíduos ou as massas tenham realmente, necessidade, na prática, de princípios gerais diversos daqueles em que foram educados; é necessário, somente, que se lhes recorde, ou se lhes explique a aplicação, porque tendem, naturalmente, a esquecê-los e a compreendê-los mal. Quando as necessidades gerais ou particulares da sociedade exigem, de fato, novos princípios, cumpre ao poder espiritual (que deve fornecê-los regularmente, como classe encarregada da cultura dos conhecimentos teóricos) introduzi-los, convenientemente, no sistema da educação. [Nota de A.C.]

[A LEI DOS TRÊS ESTADOS]

Planos de trabalhos científicos necessários para reorganizar a sociedade (1822). In: *Opúsculos de filosofia social*; 1819-1828. p. 81-84.

Resulta de tudo quanto precede que os erros capitais cometidos pelos povos, na sua maneira de conceberem a reorganização da sociedade, são ourindos da marcha viciosa segundo a qual procederam nessa reorganização; que o vício de tal marcha consiste em ter sido a reorganização social considerada como operação puramente prática, quando, de fato, é essencialmente teórica; que a natureza das coisas e as experiências históricas mais convincentes provam a necessidade absoluta de dividir o trabalho total da reorganização em duas séries, uma teórica, outra prática, das quais a primeira deve ser previamente executada, estando destinada a servir de *base* à segunda; que a realização preliminar dos trabalhos teóricos exige seja posta em atividade nova força social, distinta das que até hoje ocuparam a cena e são absolutamente incompetentes; que, por algumas razões muito decisivas, enfim, esta nova força deve ser a dos cientistas afeitos aos estudos das ciências de observação.

[...] Tudo se reduz, em última análise, a estabelecer, para a política, pela força combinada dos cientistas europeus, uma teoria positiva distinta da prática, tendo por objetivo a concepção do novo sistema social, correspondente ao estado atual dos conhecimentos.

Ora, refletindo sobre isto, ver-se-á que esta conclusão se resume numa única idéia: *os cientistas devem elevar hoje a política à categoria das ciências de observação.*

Tal é o ponto de vista culminante e definitivo em que nos devemos colocar. Deste ponto de vista será fácil condensar, em uma série de considerações muito simples, a substância de tudo quanto foi dito desde o começo deste opúsculo. Resta fazer esta importante generalização, a única que pode fornecer os meios de ir mais longe, permitindo tornar o pensamento mais rápido.

Pela própria natureza do espírito humano, cada ramo de nossos conhecimentos está necessariamente sujeito, em sua marcha, a passar sucessivamente por três estados teóricos diferentes: o estado teológico ou fictício, o metafísico ou abstrato, e, enfim, o científico ou positivo.

No primeiro, idéias sobrenaturais servem para ligar o pequeno número de observações isoladas de que se compõe então a ciência. Em outros termos, os fatos observados são *explicados*, isto é, vistos *a priori* de conformidade com fatos inventados. Este estado é necessariamente o de qualquer ciência no seu berço. Por mais imperfeito que seja, é o único modo de ligação possível nessa época. Fornece, por conseguinte, o único instrumento por cujo intermédio se pode raciocinar sobre os fatos, mantendo a atividade do espírito que, acima de tudo, tem necessidade de um ponto de ligação, seja qual for. Numa palavra, é indispensável para permitir que a ciência progrida.

O segundo estado é unicamente destinado a servir de meio de transação do primeiro para o terceiro. Seu caráter é bastardo, liga os fatos segundo idéias que não são mais de todo sobrenaturais, mas não são ainda inteiramente naturais. Em uma palavra, essas idéias são abstrações personificadas, nas quais o espírito pode ver, à vontade, ou o nome místico de uma causa sobrenatural, ou o enunciado abstrato de uma simples série de fenômenos, segundo o estado teológico ou científico de que mais se aproxima. Este estado metafísico supõe que, tornando-se mais numerosos, os fatos ao mesmo tempo se tenham aproximado de acordo com as analogias mais amplas.

O terceiro estado é o modo definitivo de qualquer ciência, não se destinando os dois primeiros senão a prepará-lo gradualmente. Os fatos se ligam então segundo idéias ou leis gerais de ordem inteiramente positiva, sugeridas ou confirmadas pelos próprios fatos, e que muitas vezes mesmo não são mais do que simples fatos bastante gerais para se tornarem princípios. Trata-se, sempre, de reduzi-los ao menor número possível, mas sem criar qualquer hipótese que não possa, algum dia, ser verificada pela observação, considerando-os, em todos os casos, apenas como um meio de expressão geral para os fenômenos.

Os homens, familiarizados com a marcha das ciências, podem facilmente verificar a exatidão deste resumo histórico geral em relação às quatro ciências fundamentais, hoje positivas: a astronomia, a física, a química e a filosofia, assim como nas ciências que com elas se relacionam. Mesmo aqueles que somente têm considerado as ciências em seu estado atual podem fazer esta verificação no tocante à filosofia que, embora já se tenha tornado enfim tão positiva como as outras três, existe ainda sob as três formas nas diversas classes de espírito desigualmente contemporâneas. Este fato é sobretudo evidente na parte desta ciência que considera os fenômenos especialmente chamados *morais*, concebido por uns como o resultado de uma ação sobrenatural contínua, por outros, como os efeitos incompreensíveis da atividade de um ser abstrato, e por outros, finalmente, como dependendo de condições orgânicas suscetíveis de demonstração, e além das quais nada se poderia alcançar.

Considerando a política uma ciência, e aplicando-se-lhe as observações precedentes, reconhece-se que já passou pelos dois primeiros estados e está agora apta a atingir o terceiro.

A doutrina dos reis representa o estado teológico da política. É, efetivamente, em idéias teológicas que está fundada em última análise. Expõe as relações sociais como baseadas na idéia sobrenatural do direito divino. Explica as transformações políticas sucessivas da espécie humana através de uma direção sobrenatural imediata, exercida de maneira contínua, desde o primeiro homem até a época atual. Foi assim a política exclusivamente concebida até que o antigo sistema começou a declinar.

A doutrina dos povos exprime o estado metafísico da política. Funda-se inteiramente na suposição abstrata e metafísica de um contrato social primitivo, anterior a todo desenvolvimento das faculdades humanas pela civilização. Os meios habituais de raciocínio que emprega são os direitos, considerados como naturais e comuns a todos os homens, no mesmo grau, e garantidos pelo referido contrato. Tal é a doutrina primitivamente crítica, tirada em sua origem, da teologia, a fim de lutar contra o antigo sistema, e que, em seguida, foi considerada como orgânica. Foi Rousseau principalmente quem a resumiu sob forma sistemática, numa obra que serviu e ainda serve de base às considerações correspondentes sobre a organização social.

A doutrina científica da política encara, enfim, o estado social, sob o qual a espécie humana sempre tem sido encontrada pelos observadores, como a conseqüência inevitável de sua organização. Concebe a finalidade deste estado como resultante da posição que o homem ocupa no sistema natural, tal como está fixado pelos fatos e sem ser considerado suscetível de explicação. Vê, efetivamente, resultar desta relação fundamental a tendência constante do homem para atuar sobre a natureza, a fim de modificá-la em seu proveito. Considera, em seguida, a ordem social como tendo por finalidade desenvolver coletivamente esta tendência natural, regularizá-la e dispô-la a fim de que a ação útil seja a maior possível. Isto posto, ensaia ligar às leis fundamentais da organização humana, por observações diretas sobre o desenvolvimento coletivo da espécie, a marcha por ela seguida e os estados intermediários pelos quais foi obrigada a passar antes de atingir este estado definitivo. Dirigindo-se de acordo com esta série de observações, considera os aperfeiçoamentos reservados a cada época como resultantes, ao abrigo de qualquer hipótese, do grau de desenvolvimento a que chegou a espécie humana. Concebe em seguida, para cada grau de civilização, as combinações políticas como tendo unicamente por finalidade facilitar os passos que tendem a ser dados depois de haverem sido determinados com precisão.

Tal é o espírito da doutrina positiva que se trata de estabelecer agora, tendo por alvo fazer a aplicação dela ao estado atual da espécie humana civilizada, não considerando os estados anteriores senão como necessários para serem observados a fim de estabelecer as leis fundamentais da ciência.

A FÍSICA SOCIAL

Considerações filosóficas sobre as ciências e os cientistas (1825). In: *Opúsculos de filosofia social*; 1819-1828. p. 151-155.

Possuímos, assim, uma física celeste, uma física terrestre, quer mecânica, quer química, uma física vegetal e uma física animal; falta-nos ainda uma última, a física social, a fim de completar o sistema de nossos conhecimentos naturais.

Uma vez preenchida esta condição, poderemos, pelo resumo geral de todas as nossas diversas noções, construir, enfim, uma verdadeira filosofia positiva, capaz de satisfazer todas as necessidades reais de nossa inteligência. Desde então, o pensamento humano não será mais obrigado a recorrer, sobre ponto algum, ao método teológico ou ao metafísico; e havendo eles perdido sua última utilidade, não terão ambos mais do que uma existência histórica. Numa palavra, o gênero humano terá terminado inteiramente sua educação intelectual e poderá daí por diante seguir diretamente seu destino definitivo.

Tais as importantes considerações que devo agora desenvolver.

O quadro atual não me permite caracterizar suficientemente o espírito particular e o método especial deste último ramo da filosofia natural. Limito-me a dizer aqui, para evitar qualquer equívoco, que entendo por *física social* a ciência que tem por objeto próprio o estudo dos fenômenos sociais[2], considerados com o mesmo espírito que os fenômenos astronômicos, físicos, químicos e fisiológicos, isto é, sujeitos a leis naturais invariáveis, cuja descoberta é o objetivo especial de suas pesquisas.

Ela se propõe, portanto, a explicar diretamente, com a maior precisão possível, o grande fenômeno do desenvolvimento da espécie humana, considerado em todas as suas partes essenciais, isto é, descobrir por que encadeamento necessário de transformações sucessivas o gênero humano, partindo de um estado apenas superior ao das sociedades dos grandes macacos, chegou gradualmente ao ponto que se acha hoje a Europa civilizada. O espírito dessa ciência consiste, sobretudo, em ver, no estudo profundo do passado, a verdadeira explicação do presente e a

---

[2] Sendo os fenômenos sociais humanos, então, sem dúvida, compreendidos entre os fisiológicos. Mas, embora, por esta razão, deva a física social necessariamente ter por ponto de partida a fisiologia individual, e manter-se com ela em contínua relação, não pode, por isto, deixar de ser concebida e cultivada como ciência inteiramente distinta, em conseqüência da influência progressiva das gerações humanas umas sobre as outras. Esta influência que, em física social, é a matéria preponderante, não poderia ser convenientemente estudada sob o aspecto puramente fisiológico. [Nota de A.C.]

manifestação geral do futuro. Considerando sempre os fatos sociais, não como objetos de admiração ou de crítica, mas como assuntos de observação, preocupa-se unicamente em estabelecer suas relações mútuas e em apreender a influência exercida por cada um deles sobre o conjunto do desenvolvimento humano. Em suas relações com a prática, afastando das diversas instituições qualquer idéia absoluta de bem ou de mal, considera-as como constantemente relativas a determinado estado da sociedade e variáveis com ele; e, ao mesmo tempo, concebe-as como podendo sempre estabelecerem-se espontaneamente pela força exclusiva dos antecedentes, livre de qualquer intervenção política direta.

Suas pesquisas de aplicação reduzem-se, portanto, a evidenciar, de conformidade com as leis naturais da civilização, combinadas com a observação imediata, as diversas tendências próprias a cada época. Esses resultados gerais tornam-se, por sua vez, o ponto de partida positivo dos trabalhos dos estadistas, os quais só têm, por assim dizer, como objetivo real, descobrir e instituir as formas práticas correspondentes a esses dados fundamentais, a fim de evitar, ou pelo menos suavizar, quanto possível, as crises mais ou menos graves que um desenvolvimento espontâneo determina quando não é previsto. Numa palavra, nesta ordem de fenômenos, como em qualquer outra, a ciência conduz à previdência, e a previdência permite regularizar a ação. A esta descrição, necessariamente muito imperfeita, do caráter da física social, cumpre acrescentar, para que este esboço possa ter alguma utilidade, a indicação sumária do princípio fundamental que distingue o método positivo peculiar a esta ciência. Consiste em que, na pesquisa das leis sociais, o espírito deve indispensavelmente proceder do geral para o particular, isto é, começar por conceber, em seu conjunto, o desenvolvimento total da espécie humana, não distinguindo nele, a princípio, mais do que um número muito pequeno de estados sucessivos, e descer em seguida, gradualmente, multiplicando os intermediários, a uma precisão sempre crescente, cujo limite natural consistiria em não colocar mais de uma única geração de intervalo na coordenação dos termos dessa grande série.

Esta marcha é essencialmente comum a todas as partes da física dos corpos organizados, mas é particularmente indispensável na física social.[3]

---

[3] Além disto, seria fácil compreender muito claramente, pelo próprio fato, em que consiste a física social, se se considerasse como irrevogavelmente estabelecida a lei fundamental acima exposta, porquanto, nesta hipótese, a ciência já realmente teria começado. A descoberta desta lei, se se admitir sua exatidão, seria um primeiro passo direto em física social, pois apresenta um primeiro encadeamento natural, o mais geral possível, dos fenômenos sociais. [Nota de A.C.]

Tal é, pois, tanto quanto posso aqui indicar, a natureza da nova ciência física, destinada a completar o sistema de nossos conhecimentos positivos. Depois desta definição, que me pareceu indispensável para fixar as idéias, é fácil explicar por que este último ramo da filosofia natural não se pôde formar até agora e por que deve hoje inevitavelmente começar.

Considerando mesmo as teorias sociais apenas sob o ponto de vista puramente filosófico, deviam conservar, por mais tempo do que as outras, o caráter teológico e o caráter metafísico, segundo a lei de formação acima estabelecida, pois seus fenômenos ocupam, evidentemente, a última classe em nossa escala enciclopédica, como sendo simultaneamente os mais complicados, os mais particulares, os mais diretos para o homem, e os que dependem de todos os outros.

Seria, sem dúvida, impossível conceber que o espírito humano se elevasse a idéias positivas, sobre os fenômenos sociais, sem ter previamente adquirido conhecimento bastante extenso das leis fundamentais da organização humana. Ora, este conhecimento supõe, de sua parte, a descoberta preliminar das principais leis do mundo inorgânico. E estas, além disto, influem também, diretamente, sobre o caráter e as condições de existência das sociedades humanas.

Os leitores, habituados à consideração das leis naturais, reconhecerão facilmente todo o alcance e toda a força desta universal e profunda relação. Para indicar aqui, simplesmente, o caso mais decisivo, aquele em que a relação é menos aparente, é fácil reconhecer exercerem os fenômenos astronômicos, por sua extrema generalidade, influência preponderante sobre os sociais. Suas leis não poderiam sofrer a menor mudança sem determinarem profunda alteração no modo de existência e de desenvolvimento das sociedades humanas. Quem não vê, por exemplo, dever o movimento da Terra, a princípio desconhecido e mais tarde descoberto, influir, no mais alto grau, sobre todo o nosso sistema intelectual? Pode mesmo dizer-se que as mais simples circunstâncias de forma ou de posição, insignificantes na ordem astronômica, têm importância suprema na ordem política.

Suponha-se, por exemplo, uma variação de alguns graus na obliqüidade eclítica, que estabelecesse nova distribuição de climas; um aumento ou pequena diminuição na distância da Terra ao Sol, que modificasse a duração do ano e a temperatura do globo, e, por conseqüência, verossimilmente a duração da vida humana, e uma série de modificações análogas, cuja importância astronômica fosse quase nula, e reconhecer-se-á que, ao contrário, o desenvolvimento humano não poderia mais ser concebido, de nenhum modo, tal como ocorreu.

É fácil multiplicar infinitamente, e em todos os gêneros, tais hipóteses, próprias para evidenciar as relações efetivas das diversas ordens de fenômenos.

Farão elas sentir que as condições de existência das sociedades humanas estão em relação necessária e contínua, não só com as leis de nossa organização, o que é evidente, mas também com todas as leis físicas ou químicas de nosso planeta e com as do sistema solar, de que faz parte. Esta relação é de tal modo íntima que, se alguma mudança notável sobreviesse a uma só dessas inúmeras influências de qualquer espécie, sob cujo império absoluto nossas sociedades subsistem, a marcha do gênero humano seria profundamente alterada mesmo imaginando-se apenas variações que não lhe compremetessem a existência.

É, portanto, evidente que não podiam os fenômenos sociais ser, por sua natureza, reduzidos a teorias positivas, antes de ser essa revolução efetuada nos fenômenos astronômicos, físicos, químicos e fisiológicos.Como, relativamente a estes últimos, a transformação só realizou em nossos dias, sendo ainda apenas sentida em relação aos fenômenos morais, cuja teoria é a mais diretamente indispensável à física social, concebe-se facilmente por que essa ciência não foi possível até o presente.

Essa explicação adquire novo grau de clareza, considerando-se outra circunstância inteiramente particular aos fenômenos sociais. De fato, para que se tornasse possível seu estudo positivo, era evidentemente necessário que a marcha da espécie humana estivesse bastante adiantada, a fim de manifestar, por si mesma, aos observadores, algumas leis naturais de sucessão. Procurando medir o alcance desta condição, parece-me que a base experimental da física social não teria tido uma extensão suficiente se não tivesse podido abranger a totalidade do desenvolvimento que ocorreu, até agora, no gênero humano. Essa conjetura será rigorosamente demonstrada para todos os que admitirem a lei acima exposta, porquanto esta lei não podia ser desvendada senão depois que a revolução, a que ela se refere, tivesse sido efetivamente experimentada de modo completo pelo espírito humano em relação à maior parte de nossas idéias, o que nos reconduz exatamente à época assinalada há pouco por outros motivos.

[A HIERARQUIA DAS CIÊNCIAS]

Curso de filosofia positiva, Segunda lição. In: *Comte*. Trad. José Arthur Giannotti e Miguel Lemos. São Paulo, Nova Cultural, (Col. Os pensadores). p. 50-51; 53-55; 57; 61; 67. © Editora Nova Cultural Ltda., 1996.

...Em resumo, não devemos considerar neste curso a não ser teorias científicas e de modo nenhum suas aplicações. Mas, antes de proceder à classificação metódica de suas diferentes partes, resta-me expor, quanto às ciências propriamente ditas, uma distinção importante, que terminará de circunscrever nitidamente o assunto próprio do estudo que empreendemos.

[...] É preciso distinguir, em relação a todas as ordens de fenômenos, dois gêneros de ciências naturais: umas, abstratas, gerais, tendo por objeto a descoberta de leis que regem as diversas classes de fenômenos e que consideram todos os casos possíveis de conceber; outras, concretas, particulares, descritivas, designadas algumas vezes sob o nome de ciências naturais propriamente ditas, e que consistem na aplicação dessas leis à história efetiva dos diferentes seres existentes. As primeiras são, pois, fundamentais, sendo a elas que neste curso nossos estudos se limitarão. As outras, seja qual for sua importância, são de fato apenas secundárias e não devem, por conseguinte, fazer parte de um trabalho cuja extensão extrema nos obriga a reduzir ao mínimo seu desenvolvimento possível. [...]

Toda ciência pode ser exposta mediante dois caminhos essencialmente distintos: o caminho *histórico* e o caminho *dogmático*. Qualquer outro modo de exposição não será mais do que sua combinação.

Pelo primeiro procedimento, expomos sucessivamente os conhecimentos na mesma ordem efetiva, segundo a qual o espírito humano os obteve realmente, adotando, tanto quanto possível, as mesmas vias.

Pelo segundo, apresentamos o sistema de idéias tal como poderia ser concebido hoje por um único espírito que, colocado numa perspectiva conveniente e provido de conhecimentos suficientes, ocupar-se-ia de refazer a ciência em seu conjunto.

O primeiro modo é evidentemente aquele pelo qual começa, com toda necessidade, o estudo de cada ciência nascente, pois apresenta a propriedade de não exigir, para a exposição dos conhecimentos, nenhum novo trabalho distinto daquele de sua formação. Toda a didática se resume, então, em estudar sucessivamente, na ordem cronológica, as diversas obras originais que contribuíram para o progresso da ciência.

O modo dogmático, supondo, ao contrário, que todos esses trabalhos particulares foram refundidos num sistema geral, a fim de serem apresentados segundo uma ordem lógica mais natural, aplica-se apenas a uma ciência já suficientemente desenvolvida em alto grau. Mas, na medida em que a ciência progride, a ordem *histórica* de exposição torna-se cada vez mais impraticável, por causa da longa série de intermediários que obrigaria o espírito a percorrer, enquanto a ordem *dogmática* torna-se cada vez mais possível, ao mesmo tempo que necessária, porque novas concepções permitem apresentar as descobertas anteriores de um ponto de vista mais direto.

Assim, por exemplo, a educação de um geômetra da Antiguidade consistia simplesmente no estudo sucessivo de pequeníssimo número dos tratados originais, produzidos até então, referentes às diversas partes da geometria, que se reduziam essencialmente aos escritos de Arquimedes e de Apolonius. Ao contrário, um geômetra moderno termina comumente sua educação sem ter lido uma só obra original, exceto relativamente às descobertas mais recentes, que só podem ser conhecidas por esse meio.

A tendência constante do espírito humano, quanto à exposição dos conhecimentos, é, pois, substituir progressivamente a ordem histórica pela ordem dogmática, a única conveniente ao estado aperfeiçoado de nossa inteligência.[...]

A suposta ordem *histórica* de exposição, ainda quando pudesse ser seguida rigorosamente nos pormenores de cada ciência em particular, já seria puramente hipotética e abstrata, sob as ópticas mais importantes, se fosse considerada isolada do desenvolvimento de cada ciência. Bem longe de pôr em evidência a verdadeira história da ciência, tenderia a fazer com que se fizesse dela uma opinião muito falsa.

Estamos por cento convencidos de que o conhecimento da história das ciências é da mais alta importância. Penso, ainda, que não conhecemos completamente uma ciência se não conhecemos sua história. Mas este estudo deve ser concebido inteiramente separado do estudo próprio e dogmático da ciência, sem o qual essa história não seria inteligível. Consideraremos, pois, com muito cuidado, a história real das ciências fundamentais que serão o tema de nossas meditações, mas isto acontecerá somente na última parte deste curso, a relativa ao estudo dos fenômenos sociais, que trata do desenvolvimento geral da humanidade, em que a história das ciências constitui a parte mais importante, embora até aqui a mais negligenciada. No estudo de cada ciência, as considerações históricas incidentes que se apresentarem terão caráter nitidamente distinto, de maneira a não alterar a própria natureza de nosso trabalho principal.[...]

[...] lembremos, primeiro, que para obter uma classificação natural e positiva das ciências fundamentais é preciso procurar seu princípio na comparação das diversas ordens de fenômenos, cujas leis elas têm por finalidade descobrir. Queremos determinar a dependência real entre os diversos estudos científicos. Ora, essa dependência só pode resultar da dependência dos fenômenos correspondentes.

Considerando sob este ponto de vista todos os fenômenos observáveis, veremos ser possível classificá-los num pequeno número de categorias naturais, dispostas de tal maneira que o estudo racional de cada categoria funde-se no conhecimento das leis principais da categoria precedente, convertendo-se no fundamento do estudo da seguinte. Essa ordem é determinada pelo grau de simplicidade ou , o que vale mesmo, pelo grau de generalidade dos fenômenos, de onde resulta sua dependência sucessiva e, por conseguinte, a facilidade maior ou menor de seu estudo.

É claro, *a priori*, que os fenômenos mais simples, aqueles que menos se complicam com os outros, são também necessariamente os mais gerais, pois o que se observa na maioria dos casos se desprende, por isso mesmo, o mais possível das circunstâncias próprias de cada caso separado. É, portanto, do estudo de fenômenos mais gerais ou mais simples que é preciso começar, procedendo em seguida sucessivamente até atingir os fenômenos mais particulares ou mais complicados; isto se quisermos conceber a filosofia natural de maneira verdadeiramente metódica, pois essa ordem de generalidade ou de simplicidade, determinando necessariamente o encadeamento racional das diversas ciências fundamentais por meio da dependência sucessiva de seus fenômenos, fixa o seu grau de facilidade.

Ao mesmo tempo, em virtude de uma consideração auxiliar que acredito importante notar aqui e que converge exatamente com todas as precedentes, os fenômenos mais gerais ou mais simples, sendo necessariamente os mais estranhos ao homem, devem, por isso mesmo, ser estudados numa disposição de espírito mais calma e racional, o que constitui novo motivo para que as ciências correspondentes se desenvolvam de modo mais rápido.[...]

Como resultado dessa discussão, a filosofia positiva se encontra, pois, naturalmente dividida em cinco ciências fundamentais, cuja sucessão é determinada pela subordinação necessária e invariável, fundada, independentemente de toda opinião hipotética, na simples comparação aprofundada dos fenômenos correspondentes: a astronomia, a física, a química, a filosofia e, enfim, a física social. A primeira considera os fenômenos mais gerais, mais simples, mais abstratos e mais afastados da humanidade, e que influenciam todos os outros sem serem influenciados por estes. Os fenômenos considerados pela última são, ao contrário, os mais particulares, mais complicados, mais concretos e mais diretamente interessantes para o homem; dependem, mais ou menos, de todos os precedentes, sem exercer sobre eles influência alguma. Entre esses extremos, os graus de especialidade, de complicação e de personalidade dos fenômenos vão gradualmente aumentando, assim como sua dependência sucessiva. Tal é a íntima relação geral que a verdadeira observação filosófica, convenientemente empregada, ao contrário de vãs distinções arbitrárias, nos conduz a estabelecer entre as diversas ciências fundamentais. Este deve ser, portanto, o plano deste curso.[...]

Para completar a exposição geral do plano deste curso, resta-me agora considerar uma lacuna imensa e capital que, de propósito, deixei em minha fórmula enciclopédica, e que o leitor, sem dúvida, já notou. Não marcamos, com efeito, em nosso sistema científico, o lugar da ciência matemática.[...]

No estado atual do desenvolvimento de nossos conhecimentos positivos, convém, acredito eu, olhar a ciência matemática menos como parte constituinte da filosofia natural propriamente dita do que sendo, desde Descartes e newton, a verdadeira base fundamental de toda essa filosofia, embora, para falar exatamente, seja ao mesmo tempo uma e outra. Hoje, a ciência matemática possui muito menos importância em virtude de seus conhecimentos muito reais e precisos, de que se compõe diretamente, do que como constituindo o instrumento mais poderoso que o espírito humano pode empregar na investigação das leis dos fenômenos naturais.

[A DESIGUALDADE BIOLÓGICA]*

Cours de philosophie positive; Philosophie première, Leçons 1 à 45. Paris, Hermann, 1975. p. 870.

É bem frivolamente, e com uma ligeireza bastante superficial, que se acusa a fisiologia cerebral de desconhecer a grande influência da educação e da legislação, que é seu prolongamento necessário [...]. Por ter negado, contra a ideologia francesa, a possibilidade de converter, à vontade, através de instituições apropriadas, todos os homens em outros tantos Sócrates, Homeros ou Arquimedes, e, contra a psicologia germânica, o império absoluto, ainda mais absurdo, que a energia do *eu* exerceria para transformar, por livre-arbítrio, sua natureza moral, a doutrina frenológica foi representada como radicalmente destruidora de toda liberdade racional e de todo aperfeiçoamento do homem, auxiliado por uma educação bem concebida e dirigida sabiamente! É contudo evidente, pela própria definição de educação, que essa incontestável perfectibilidade supõe necessariamente a existência fundamental de predisposições apropriadas, e, além do mais, que cada uma delas esteja submetida a leis precisas, sem as quais não poderíamos conceber que possa ser possível exercer

---

* Tradução de Lelita Oliveira Bernoit.

sobre seu conjunto alguma influência verdadeiramente sistemática: de modo que, ao contrário, é precisamente à fisiologia cerebral que detém exclusivamente a postulação racional do problema filosófico da educação. Enfim, segundo uma última consideração bem importante, essa fisiologia [cerebral] consagra como princípio incontestável que os homens são, em geral, essencialmente medíocres, para o bem e para mal, em sua dupla natureza afetiva e intelectual; isto é, excetuando um bem pequeno número de organizações excepcionais, cada um possui, a um grau pouco acentuado, todas as inclinações, todos os sentimentos e todas as aptidões elementares, sem que, o mais freqüentemente, nenhuma faculdade seja, em si mesma, muito preponderante. É pois evidente que um vasto campo se encontra imediatamente aberto à educação para modificar, quase em todos os sentidos, organismos tão flexíveis, ainda que, quanto ao grau, seu desenvolvimento deva sempre permanecer nesse estado pouco definido, o qual é plenamente suficiente à boa harmonia social, como explicarei mais tarde.

TEORIA DA RELIGIÃO POSITIVISTA

Catecismo positivista. p. 119; 121; 126-127. In: *Comte.* (Col. Os pensadores). © Editora Nova Cultural Ltda., 1996.

A MULHER — Muitas vezes tenho perguntado a mim mesma, meu caro pai, por que razão persistis em qualificar de *religião* vossa doutrina universal, conquanto ela rejeite toda crença sobrenatural. Refletindo, porém, sobre isso, considerei que esse título aplica-se em comum a muitos sistemas diferentes, e até incompatíveis, cada um dos quais o toma para si exclusivamente, sem que nenhum deles tenha nunca deixado de contar, na totalidade de nossa espécie, mais adversários do que adeptos. Isso levou-me a pensar que esse termo fundamental deve ter uma acepção geral, que independa radicalmente de toda fé especial. Desde então, presumi que, atendo-vos a esse significado essencial, podíeis chamar assim ao positivismo, apesar de seu contraste mais profundo com as doutrinas anteriores, que proclamam suas dissidências mútuas como não menos graves que as suas concordâncias. Todavia, parecendo-me esta explicação ainda confusa, rogo-vos que comeceis vossa exposição por um esclarecimento direto e preciso acerca do sentido radical da palavra *religião*.

O SACERDOTE — Este nome, minha querida filha, não apresenta, de fato, pela sua etimologia, nenhuma solidariedade necessária com as opiniões quaisquer que possam ser empregadas para atingir o fim que ele designa. Em si mesmo, este vocabulário indica o estado de completa *unidade* que distingue nossa existência, a um tempo pessoal e social, quando todas as suas partes, tanto morais como físicas, convergem habitualmente para um destino comum. Assim, este termo seria equivalente à palavra *síntese*, se esta não estivesse, não por sua própria estrutura, mas segundo um uso quase universal, limitada agora só ao domínio do espírito, ao passo que a outra compreende o conjunto dos atributos humanos. A religião consiste, pois, em *regular* cada natureza individual e em *congregar* todas as individualidades; o que constitui apenas dois casos distintos de um problema único. Porquanto todo homem difere sucessivamente de si mesmo tanto quanto difere simultaneamente dos outros, de maneira que a fixidez e a comunidade seguem leis idênticas.[...]

A MULHER — Depois de ter assim reconhecido, em toda a sua plenitude, o domínio natural da religião, eu quisera saber, meu pai, em que consistem as condições gerais dela. Freqüentes vezes ela se me tem representado como dependendo unicamente do coração. Sempre pensei, porém, que o espírito aí também concorre. Poderei compreender claramente as suas atribuições respectivas?

O SACERDOTE — Essa apreciação resulta, minha filha, de um exame aprofundado da palavra *religião*, talvez o mais bem-composto de todos os termos humanos. Ele é construído de maneira a caracterizar uma dupla ligação, cuja noção exata basta para resumir toda a teoria abstrata de nossa unidade. Com efeito, a fim de constituir uma harmonia completa e duradoura, é preciso *ligar* o interior pelo amor e o *religar* ao exterior pela fé. Tais são, em geral, as participações necessárias do coração e do espírito nesse estado sintético, individual ou coletivo.[...]

A MULHER — [...] resta-me, meu pai, conceber a maneira por que a fé positiva se concilia plenamente com o sentimento, ao qual sua natureza parece-me ser radicalmente contrária. Compreendo, todavia, que seu dogma fundamental fornece duplamente uma forte base de disciplina moral, já subordinando nossos pendores pessoais a um poder exterior, já citando nossos instintos simpáticos para melhor sofrermos ou modificarmos a fatalidade comum. Apesar, porém, destes preciosos atributos, o positivismo não me oferece ainda um estímulo assaz direto dos santos afetos que parecem dever formar o principal domínio da religião.

O SACERDOTE — Reconheço, minha filha, que o espírito positivo apresentou até aqui os dois inconvenientes morais peculiares à ciência, inchar e secar, desenvolvendo o orgulho e desviando o amor. Esta dupla tendência se conservará sempre nele o bastante para exigir habitualmente precauções sistemáticas de que vos hei de falar mais tarde. Contudo, vosso principal reproche resulta, a este respeito, de uma apreciação insuficiente do positivismo, que vós considerais apenas no estado incompleto em que ele ainda se mostra na maioria de seus adeptos. Estes limitam-se à concepção filosófica dimanada da preparação científica, sem ir até a conclusão religiosa, resumo único do conjunto dessa filosofia. Mas, completando estudo real da ordem universal, vê-se o dogma positivo concentrar-se finalmente em torno de uma concepção sintética, tão favorável ao coração como ao espírito.

Os entes quiméricos que a religião empregou provisoriamente inspiraram diretamente vivos afetos humanos, que foram mesmo mais poderosos sob as ficções menos elaboradas. Essa preciosa aptidão devia por muito tempo parecer estranha ao positivismo, por efeito de seu imenso preâmbulo científico. Enquanto a iniciação filosófica abraçou apenas a ordem material, e mesmo a ordem vital, ela não pôde desvendar senão leis indispensáveis à nossa atividade, sem nos ministrar nenhum objeto direto de afeição permanece e comum. Mas já não é mais assim desde que essa preparação gradual se acha finalmente completada pelo estudo próprio da ordem humana, individual e coletiva.

Esta apreciação final condensa o conjunto das concepções positivas na noção única de um ente imenso e eterno, a humanidade, cujos destinos sociológicos se desenvolvem sempre sob o predomínio necessário das fatalidades biológicas e cosmológicas. Em torno deste verdadeiro Grande Ser, motor imediato de cada existência individual ou coletiva, nossos afetos se concentram tão espontaneamente quanto nossos pensamentos e ações. A idéia só desse Ser supremo inspira diretamente a fórmula sagrada do positivismo: *O Amor por princípio e a Ordem por base; o Progresso por fim.* Sempre fundada sobre um livre concurso de vontades independentes, a sua existência composta, que toda discórdia tende a dissolver, consagra logo a preponderância contínua do coração sobre o espírito, como a única base de nossa verdadeira unidade. É assim que a ordem universal se resume daqui por diante no ente que a estuda e aperfeiçoa sem cessar. A luta crescente da humanidade contra o conjunto das fatalidades que a dominam apresenta ao coração, como ao espírito, um espetáculo mais digno que a onipotência, necessariamente caprichosa, de seu precursor teológico. Mas acessível, tanto aos nossos sentimentos como às nossas concepções, em virtude de uma identidade de natureza que não obsta a sua superioridade sobre todos os seus servidores, semelhante Ser supremo excita profundamente uma atividade destinada a conservá-lo e melhorá-lo.

[A RELIGIÃO DA HUMANIDADE]*

Système de politique positive ou Traité de sociologie instituant la Religion de l'Humanité 1851-1853. Paris, Au Siège de la Société Positiviste, 1929. t. I, p. 332-333.

O sacerdócio positivo deve [...] regenerar, ao mesmo tempo, todas as funções relativas a nosso próprio aperfeiçoamento, encaminhando a ciência ao estudo da Humanidade, a poesia ao cantar e a moral ao amar, a fim de que, após essa poderosa cooperação, a política se aplique sem trégua ao servir. [...]

O culto dos positivistas não se endereça jamais, como o dos teólogos, a um ser absoluto, isolado, incompreensível, cuja existência não pode ser de modo nenhum demonstrada e que rejeita qualquer comparação real. Nenhum mistério deve alterar a evidência espontânea que caracteriza o novo Ser-Supremo. Ele somente será dignamente cantado, amado e servido após um conhecimento razoável das diversas leis naturais que regem sua existência, a mais complexa que podemos contemplar.

De acordo com essa complexidade superior, ele apresenta, ainda mais que nenhum outro organismo, este duplo atributo de solidariedade interior e de subordinação exterior que pertencem a todo corpo vivo. Apesar de sua enorme extensão no tempo e no espaço, a exata apreciação de cada um de seus fenômenos nos manifesta seu consenso universal. Sua existência é também a mais dependente da necessidade exterior, resultado, com relação a cada ser real, do conjunto das leis inferiores. A todas as fatalidades habituais (matemáticas, astronômicas, físicas, químicas e biológicas) vêm, portanto, se juntar as fatalidades sociológicas, desconhecidas das naturezas menos eminentes. Mas, por uma conseqüência geral de sua complexidade característica, esse grande organismo necessariamente produz reações, mais que nenhum outro, sobre o conjunto do mundo real, do qual é a verdadeiro superior. Sua definição científica parece pois se reduzir a concebê-lo como o ser verdadeiramente supremo, que melhor manifesta todos os principais atributos da vitalidade.

---

* Tradução de Lelita Oliveira Benoit.

[TEORIA FEMININA POSITIVISTA]

Cours de philosophie positive; Philosophie première, 50ᵉ. Leçon. p. 186.

Aproximando, tanto quanto possível, a análise dos sexos à das idades, a biologia tende finalmente a representar o sexo feminino, principalmente em nossa espécie, como necessariamente constituindo, comparativamente ao outro, uma espécie de infância contínua, que o afasta bastante, sob os aspectos mais importantes, do tipo ideal da raça. [...]

É incontestável, com efeito [...], que as mulheres são, em geral, bem superiores aos homens devido a um grande desenvolvimento espontâneo da simpatia e da sociabilidade, tanto quanto lhes são inferiores no que diz respeito à inteligência e à razão.

Système de politique positive. t. I, p. 215.

As mulheres constituem [...], no regime positivo, a origem doméstica do poder moderador, do qual os filósofos devem se tornar o órgão sistemático e os proletários, a garantia política. Ainda que a instituição dessa combinação fundamental pertença ao elemento racional, este não deve nunca esquecer que sua própria participação é menos direta que a do elemento afetivo e menos eficaz que a do elemento ativo. Seu ascendente social apenas torna-se possível com a condição de sempre se apoiar no sentimento feminino e na energia popular.

Deste modo, a obrigação de associar hoje as mulheres ao grande movimento de regeneração, longe de suscitar algum entrave à filosofia que deve presidi-lo, fornece-lhe, ao contrário, um possante meio, manifestando a verdadeira constituição da força moral destinada a regrar o exercício de todas as outras potências humanas.

Système de politique positive, t. I, p. 229.

O orgulho doutoral será sempre menos apropriado que a violência popular à eficácia do corretivo feminino; pois o proletário, mais que o filósofo, é movido pelo princípio afetivo, cuja invocação direta constitui a única arma das mulheres. [...] A ascendência feminina, dignamente aceita pelos proletários, constitui realmente nossa principal garantia contra as imensas pertubações socias que, ao que tudo indica, serão suscitadas pela anarquia atual das inteligências.

[SOBRE O PROLETARIADO]

Système de politique positive. t. I, p. 132-133.

O positivismo somente pode obter profundas adesões coletivas no seio das classes que, indiferentes à toda viciosa instrução de palavras e de entidades, e naturalmente animadas por uma ativa sociabilidade, constituem-se, daqui para diante, no melhor apoio do bom-senso e da moral. Em uma palavra, nossos proletários são os únicos capazes de se tornarem auxiliares decisivos dos novos filósofos. O impulso regenerador depende sobretudo de uma estreita aliança entre esses dois elementos extremos da ordem final. Apesar de sua diversidade natural, não obstante bem mais aparente do que real, [os proletários e os novos filósofos] têm, no fundo, muita afinidade intelectual e moral. Os dois gêneros de espírito apresentarão, cada vez mais, o mesmo instinto de realidade, uma predileção semelhante pela utilidade e uma igual tendência a subordinar os pensamentos de detalhe aos pontos de vista de conjunto. [...]

Vemos então que as ocupações cotidianas do proletário são bem mais favoráveis ao exercício filosófico que as das classes médias, porque não os absorvem ao ponto de lhes impedir contemplações regulares, mesmo durante o trabalho prático. Esse ócio mental é moralmente facilitado pela ausência natural de responsabilidade futura: a posição do trabalhador o preserva espontaneamente dos cálculos ambiciosos que, sem cessar, causam inquietações ao empreendedor. O caráter próprio das respectivas meditações tem como resultado precisamente aquela dupla diversidade a qual convida um, às contemplações gerais e o outro, aos assuntos particulares. [...]

A existência habitual do proletário é [...] apropriada ao desenvolvimento espontâneo dos melhores instintos. [...] A superioridade moral do tipo proletário se relaciona sobretudo ao desenvolvimento direto dos diversos instintos superiores. Quando a sistematização final das opiniões e dos costumes houver fixado o verdadeiro caráter próprio desse imenso fundamento da sociedade moderna, se perceberá que as diferentes afeições domésticas devem naturalmente se desenvolver mais [na classe proletária] do que nas classes intermediárias, demasiadamente preocupadas com os cálculos pessoais para apreciar tais laços. Mas a principal eficácia moral da vida proletária concerne aos sentimentos sociais propriamente ditos, que nela recebem espontaneamente uma ativa formação cotidiana. É ali que encontramos, comumente, os melhores modelos da verdadeira dedicação, até mesmo entre aqueles que uma dependência regular, muito freqüentemente deteriorada por nossos hábitos aristocráticos, parece condenar a uma menor elevação moral. Uma veneração sincera, purificada de qualquer servilismo, se desenvolve [no proletariado], em relação a quaisquer superioridades, sem ser neutralizada pelo orgulho doutoral, nem perturbada pela rivalidade temporal. Os impulsos generosos são sempre mantidos [na vida proletária] por ativas simpatias, involuntariamente resultantes de uma experiência pessoal dos males inerentes à humanidade. Aliás, em lugar nenhum, o sentimento social encontraria tanta exaltação espontânea, ao menos quanto à solidariedade atual [...]. Se o instinto da continuidade humana ainda não se desenvolveu o bastante [na vida proletária], isto se deve sobretudo à falta de um cultivo sistemático que é a única meio eficaz nesse caso. Daqui em diante, será desnecessário mostrar que nenhuma outra classe comporta exemplos tão freqüentes nem tão decisivos da mais franca e modesta abnegação, em cada verdadeira necessidade pública. Enfim, vale notar, nesse assunto, que, tendo em vista a total ausência de educação regular, todas as altas qualidades morais devem ser consideradas como próprias do proletariado, depois da época em que a emancipação radical dos espíritos populares proíbe de relacionar esses resultados à influência teológica.

ORDEM E PROGRESSO:
O FUNDADOR DA SOCIEDADE POSITIVISTA
A QUEM PRETENDA SE FILIAR (1848)*

Auguste Comte, le prolétariat dans la société moderne. Paris, Les Archives positivistes, 1946. p. 87-97.

Acabo de fundar, sob a divisa *Ordem e Progresso*, uma Sociedade política destinada a preencher, com relação à segunda parte, essencialmente orgânica, da grande revolução, uma função equivalente a que exerceu, tão utilmente, a Sociedade dos Jacobinos, na primeira parte, essencialmente crítica. Sua ação será ainda mais puramente consultiva, sem nenhuma mescla de intervenção temporal, porque respousará sobre uma nova doutrina geral, cujos partidários são ainda pouco numerosos para obter outra influência social que aquela que pode emanar de uma livre apreciação pública da sabedoria de seus julgamentos

---

* Tradução de Lelita Oliveira Benoit.

e de seus conselhos. Esta doutrina está exposta em meu tratado fundamental de *Filosofia Positiva*. Caracteriza-se sobretudo pela elaboração histórica dos dois últimos volumes, que, de acordo com o conjunto do passado humano, determina, sem utopia, o futuro social, de maneira a fundar a verdadeira ciência política, base racional da arte correspondente.

A Sociedade Positivista se propõe, pois, a fazer gradualmente prevalecer os princípios dessa nova ciência, aplicando-os oportunamente ao curso natural dos acontecimentos, seja para apreciar os fatos já ocorridos e as medidas adotadas, seja, sobretudo, para assinalar as tendências reais e indicar os melhores meios de as regularizar. [...]

Em uma palavra, [a nova doutrina] tem por finalidade geral facilitar o surgimento do novo poder espiritual que o positivismo demonstra ser o único apropriado a finalizar a revolução, pela fundação direta do regime final em direção do qual tende hoje a elite da humanidade. Em vista disto, [a Sociedade Positivista] aplicará a doutrina fundamental para esboçar espontaneamente, tanto quanto o permite o meio atual, as funções de apreciação, de conselho e de preparação que este poder definitivo deverá, em seguida, preencher sistematicamente, sob a assistência permanente das simpatias universais.

De acordo com uma tal destinação, a ofício espiritual da Sociedade Positivista não se limitará à França. Abrangerá naturalmente todas as populações avançadas que agora participam, apesar de suas diversidades nacionais, da mesma necessidade fundamental de regeneração social, como evidencia atualmente a extensão gradual da crise revolucionária. [...]

Desse modo, a Sociedade Positivista não será, em seus sentimentos e em seus pensamentos, nem nacional, nem cosmopolita, mas ocidental: de resto, conceberá a regeneração final como devendo em seguida se estender, segundo uma progressão determinada, a todo restante da humanidade, sob a sábia ajuda do Ocidente reunido.

Para os observadores racionais, a segunda parte da revolução, que deve ser, sobretudo hoje, mais espiritual do que temporal, já começou desde que a fundação da ciência social desvelou o verdadeiro caráter geral do futuro humano, tão confusamente entrevisto até então, mesmo por meu principal precursor, o ilustre e infeliz Condorcet. Mas essa condição intelectual não motivou suficientemente a formação da Sociedade Positivista, até que a formidável transformação política, que acaba de ocorrer na França, mostrou, ao mesmo tempo, a possibilidade e a urgência de uma tal associação.

A proclamação, agora irrevogável, da República francesa constitui, sob todos os aspectos, o maior acontecimento sobrevindo no Ocidente, desde a queda de Bonaparte. Ela resume claramente o conjunto da parte negativa da revolução, ao destruir radicalmente as esperanças e as ilusões retrógradas, que, desde a segunda metade do reino de Luís XIV, vinculam-se, na França, unicamente à realeza, qualquer que seja a forma que esta tomou. De outro lado, o título de *República* apresenta, em sua afortunada acepção orgânica, o programa universal, que é mais sentimental do que racional, do verdadeiro futuro social. Anuncia, desse modo, a subordinação permanente da política à moral, admiravelmente esboçada na Idade Média, sob o princípio católico, mas que apenas seria plenamente realizável em um melhor regime espiritual e em um meio mais favorável. [...]

Uma doutrina verdadeiramente completa e coerente em todas as suas aplicações deve [...] encontrar muito mais receptividade nos espíritos cansados da anarquia mental e incapazes de resisitir profundamente às demonstrações filosóficas.

Ainda que a necessidade de algumas fórmulas, em conseqüência daquela imensa lacuna [mental], suscite hoje uma espécie de retorno oficial às doutrinas metafísicas que eram convenientes à parte negativa da revolução, todos sabem, salvo alguns homens atrasados e pouco influentes, que aquelas teorias antiquadas não determinam nenhuma fé séria entre aqueles que são, contudo, forçados a recorrer provisoriamente a elas. A preponderância habitual e unânime dos sentimentos de ordem bem logo tornará evidente o quanto esta impotente restauração de uma filosofia puramente revolucionária se mostra antipática às necessidades e tendências que caraterizam nosso século, sobretudo na França, onde a anarquia é tão rejeitada como a retrogradação.

Todas as inquietudes que este renascer passageiro dos princípios negativos já provoca terão necessariamente como resultado facilitar a influência da filosofia positiva, daqui para diante, única fonte possível das convicções sistemáticas capazes de conter as ameaçadoras aberrações, contra as quais as crenças teológicas não oferecem, desde há muito tempo, nenhuma garantia real. Desse modo, por exemplo, acontecerão, em nossa próxima Assembléia nacional, importantes debates a respeito da divisa republicana [...]. Esta disputa inevitável permitirá naturalmente à Sociedade Positivista de já esperar a unânime consagração de sua própria divisa (*Ordem e Porgresso*), que corresponde certamente ao caráter do futuro social, como anunciando a conciliação fundamental, ao mesmo tempo política e filosófica, das duas necessidades gerais da humanidade. Paralelamente, as dificuldades industriais internas, que reforçarão cada vez mais a tendência metafísica a prescrever legalmente aquilo que deve sobretudo ser regulado pelos costumes, fornecerão à nova sociedade muitas ocasiões importantes para fazer nitidamente perceber, aos trabalhadores e aos empreendedores, o quanto essa disciplina tão desejável depende de uma verdadeira reorganização espiritual, única capaz de estabelecer os princípios que devem dirigir [as relações industriais] e a autoridade, tão imparcial como esclarecida, que os pode aplicar prudentemente a cada conflito. [...]

Sem especificar aqui outras aplicações, entende-se, em geral, que esta Sociedade [Positivista] fará utilmente intervir sua doutrina universal em todas as ocasiões importantes que o desenvolvimento espontâneo de nossa anarquia espiritual apresentará, a fim de manifestar a necessidade de verdadeiros princípios sociais, apropriados a fornecer uma base sólida de julgamento e de conduta. [...]

De acordo com a sua destinação, a Sociedade Positivista exercerá sua função espiritual, não somente por meio de suas discussões internas, mas também através de seus escritos e discursos públicos, e por suas petições sistemáticas à Assembléia nacional ou ao poder central etc.; em uma palavra, por todos os meios próprios à influência teórica e consultativa, purificada de qualquer intervenção prática. [...]

Para melhor assegurar a unidade de composição indispensável à Sociedade Positivista, eu continuairei a ser o único juiz da aptidão intelectual e moral de todos aqueles que solicitarem sua admissão. Mas, ainda que o número de membros deva permanecer ilimitado, é importante também garantir, muito especialmente, a fraternidade de suas relações mútuas. É por essa razão que cada uma de minhas novas escolhas será sempre submetida à aceitação dos antigos membros.

As explicações precedentes indicam evidentemente, como primeira condição indispensável, uma suficiente adesão ao espírito geral do positivismo. Aqueles que sentirem um verdadeiro desejo de se associar à nova Sociedade sem ter ainda estudado meu grande tratado [o *Curso de Filosofia Positiva*], deverão ao menos adotar inteiramente o *Discurso sobre o espírito positivo*, que publiquei há quatro anos, para caracterizar sumariamente o positivismo [...].

Todos os filósofos positivos que queiram agora dedicar seriamente sua vida inteira ao sacerdócio da Humanidade devem sistematicamente renunciar a qualquer posto político propriamente dito, até mesmo aqueles que lhes serão propostos pela confiança direta de seus concidadãos. [...]

A classe ativa fornecerá o maior número [de membros da Sociedade Positivista], sobretudo entre os nobres proletários franceses que são tão dispostos, de coração e de espírito, a uma tal missão. [...]

Se os Jacobinos tiveram, a nosso respeito, a vantagem de aplicar uma doutrina anteriormente adotada, que os dispensava de qualquer importante discussão de princípios, a nossa compensa a sua novidade e sua dificuldade com seu carácter evidentemente definitivo e com sua capacidade de tudo abarcar. Ela preenche assim, com toda a energia conveniente, e entretanto ao abrigo de qualquer tendência anárquica, o gênero de atribuições sociais que ainda é conservado pelo espírito revolucionário propriamente dito, que pode, deste modo, extinguir-se sem perigo. Cada uma das duas doutrinas são de tal modo convenientes a sua principal destinação, que eu creio poder assegurar que quase todos os verdadeiros Jacobinos seriam hoje em dia zelosos Positivistas.

Apesar da grande diversidade de suas opiniões respectivas, todas as duas perseguem, no fundo, o mesmo objetivo essencial através de meios adaptados aos tempos e às situações. A principal diferença filosófica consiste no espírito anti-histórico que exigia o abalo inicial, quando a humanidade, para sair energicamente do antigo regime, deveria então estar estimulada por um ódio cego pelo passado; enquanto que agora, ao contrário, o espírito dominante deve tornar-se profundamente histórico, seja para render ao passado uma justiça indispensável à nossa completa emancipação, seja para fundar nosso futuro sobre sua base sólida, ligando-o sempre ao conjunto da evolução humana, avaliado por uma teoria que, no início da revolução, não seria nem possível nem oportuna.

[O POSITIVISMO NO BRASIL]

CRUZ COSTA, João. *O desenvolvimento da filosofia no Brasil no século XIX e a evolução histórica nacional.* São Paulo, 1950. p. 132-139. Tese apresentada ao concurso da cadeira de Filosofia da Faculdade de Filosofia, Letras e Ciências Humanas da Universidade de São Paulo.

A segunda metade do século XIX marca o momento de maior transformação da história brasileira. Até os meados desse século, a história do jovem Império sul-americano foi perturbada não só pela crise econômica e financeira que herdara do período em que a corte portuguesa aqui passara, mas ainda pelas crises determinadas pelas lutas políticas que se desencadearam a partir de 1822 e que somente iriam terminar, depois de várias vicissitudes, em 1848. Em 1850, em virtude da abolição do tráfico, desenvolveram-se novas forças e o país entrou, a seguir, num período de prosperidade.

Estabelecida depois de 1850 uma relativa paz entre os "partidos" políticos do Império, o país continuaria o seu curso de progresso, seguro e ascencional. Nesta segunda fase do século XIX, o Brasil, apesar do caráter fortemente conservador do Império, "se moderniza e se esforça por sincronizar sua atividade com a do mundo capitalista contemporâneo"[4]. É nessa fase que ressoará pelo Brasil a *polifonia* das novas correntes filosóficas européias. Ao mesmo tempo que outras correntes influenciavam as elites brasileiras, surgia também o positivismo. Não parece exato, no entanto, dizer que o *revoar de idéias novas* que, a partir da segunda metade do século XIX, marcou a inteligência brasileira, tenha como representante uma *fulgurante plebe*. Os corifeus do pensamento moderno, no Brasil, embora *fulgurantes* como quer Gilberto Amado, não eram, na sua maioria, homens pertencentes à plebe, às camadas populares. Se já não eram filhos de senhores de engenho ou de fazendeiros de café, eram representantes e herdeiros, em boa parte, da burguesia de comerciantes ou de burocratas, que surgira nas aglomerações urbanas e que, nos meados do século XIX teve, graças as transformações econômicas que então se processaram, maior expressão e sentido. As camadas populares ainda então não se encontravam em condições econômicas capazes de galgar as barreiras que as separavam das elites do país.

Os representantes dessas novas elites do século XIX são a expressão de uma nova modalidade de burguesia, que se opõe à tradicional, a que em regra era tirada da *aristocracia*, — proprietária da terra e do instrumento mais importante do trabalho daquele tempo — o negro.

São, assim, os filhos da modesta burguesia comercial e burocrática, de importância relativamente secundária, que irão aparecer, graças ao desenvolvimento também modesto do capitalismo no Brasil, no cenário político e intelectual da segunda metade do século XIX. Nas novas gerações, que ingressam nas Faculdades de Direito do país, infiltrar-se-iam esses novos burgueses. Nas Escolas técnicas, a Central e a Militar, também procurarão eles, em virtude de não possuírem recursos necessários para enfrentar estudos longos e caros, satisfação para as suas tendências intelectuais.

"Assim se explica, escreve Leontina Licínio Cardoso, que tivesse saído da Escola Militar, nos fins do século XIX, uma plêiade de homens fortes, de autodidatas, quase todos descendentes de gente de poucos haveres, moços que ingressaram na carreira das armas para conseguir instrução, que as condições de vida lhes negavam. Geração que se formou sob o influxo de Benjamin Constant, com idéias nitidamente democráticas e concorreu para a queda do regime monárquico e implantou a república inspirada nos princí-

---

[4] Caio Prado Junior.

pios de Augusto Comte". Na Escola Militar, e logo depois na Escola Central, os representantes da nascente pequena burguesia, procurariam, na segunda metade do século, educação e instrução que lhes permitissem constituir uma nova elite, de espírito talvez um pouco diferente daquele que era representado pelos bacharéis em leis, de Coimbra, de Recife ou de São Paulo, onde recebia formação superior, grande parte dos filhos das famílias do patriciado rural. O aparecimento destes representantes da burguesia nova tornará mais nítido o antagonismo de interesses entre o "agrarismo latifundiário e o nascente comercialismo em marcha para a indústria"[5]. Graças a esse novo espírito, logo ao se abrir a segunda década da metade do século XIX, voltariam a retomar vigor os sentimentos democráticos, que haviam sido amortecidos sob a dominação dos grandes latifundiários que se assenhorearam do poder em 1837. Há então um "verdadeiro movimento de despertar, através da revalidação dos padrões da cultura"[6]. No norte, a crítica do grupo de Recife "corre paralela ao incremento dos estudos de matemática, relacionados em parte com o positivismo; à intensificação dos estudos de ciências naturais; à transformação do direito sob o influxo do evolucionismo; à fundação da escola de Minas etc"[7]. E esse movimento, como muito justamente observa Antônio Cândido, não estará sem "correspondência, nem é ocasionalmente que coincide com as primeiras tentativas da burguesia de tomar a si a direção econômica e política da nação".

Deste modo, na segunda metade do século XIX, ao mesmo tempo que se acentuava o antagonismo econômico entre os tradicionais burgueses, proprietários de terra, — que governavam o país como se governassem suas fazendas — e os representantes de novos interesses, acentuava-se também a simpatia pelas idéias novas que as transformações havidas desde os princípios do século haviam posto em circulação. A partir de 1870, esta *nova burguesia* assume papel de importância sobretudo no setor intelectual. É dessa burguesia, formada por militares, médicos e engenheiros, — mais próximos das ciências positivas, graças à índole de suas profissões —, que irá surgir o movimento positivista no Brasil. Alguns dos que irão aderir ao movimento são homens desiludidos do ecletismo espiritualista que se ensinava entre nós e que se confundia com uma retórica palavrosa e inútil, o que justificava a atitude de desinteresse e desprezo de Miguel Lemos em face da filosofia nessa época. São homens que se voltam

---

[5] Lídia Besouchet, *Mauá e o seu tempo*.

[6] Antônio Cândido de Melo e Souza, *Introdução ao método crítico de Sílvio Romero*.

[7] Antônio Cândido de Melo e Souza.

para a ciência e que nela crêem encontrar resposta satisfatória e soluções definitivas para todos os problemas. Em outros ajunta-se ainda o antagonismo que se estabeleceria entre as crenças religiosas tradicionais e as tendências republicanas às quais haviam dado a sua adesão.

Outros, talvez, encontravam na *religião da humanidade*, no comtismo ortodoxo, que derivava do progresso da inteligência e uma ordem moral que continuaria ligada aos valores tradicionais, agora apenas transformados, ou mais exatamente afeiçoados aos interesses de uma classe que fizera um passo na evolução social. Reinava, então, na ordem religiosa — escreve um dos positivistas ortodoxos, representante dessa burguesia e educado nas crenças tradicionais —, a mais completa anarquia. "Bem cedo o sacerdócio católico começou a comungar no crime ocidental da escravização da raça africana. Esta posse nefanda arrasta o clero aos torpes desmandos que assinalam a restauração do cativeiro no Ocidente. A convivência no monstruoso atentado liga os representantes do poder espiritual aos ricos e poderosos para a exploração em comum da massa popular. Os mais ignóbeis interesses materiais confundem padres e fazendeiros. [...]. Envolvido nas intrigas políticas, relaxado nos costumes, e cético nos seus tipos mais ilustrados, o sacerdócio nenhuma influência direta exerce sobre a classe dirigente, quase toda embuída do racionalismo de Voltaire e Rousseau"[8]. Como poderia ter influência sobre estes espíritos severos e ávidos de certeza um clero desmoralizado ou cético, como era o do Segundo Império? Também o ideal republicano, feito mais de revolta contra a hipocrisia política reinante do que, de fato, de espírito verdadeiramente democrático dessa nova burguesia, sequiosa de introduzir a *sua ordem* e a *sua concepção de progresso* — determinaria inúmeras adesões e conversões ao positivismo.

No que dizia respeito à cultura intelectual, o nosso ensino ainda perpetuava, até meados do século XIX, apesar dos estabelecimentos científicos criados por Linhares e pelo Conde da Barca, durante a estadia da corte portuguesa no Brasil, a *tradição ornamental*, fabricadora de *humanistas* para as duas faculdades de Direito do país e que estas devolviam depois à administração e à política imperial.

Foi nesse ambiente que surgiu o positivismo.

---

[8] R. Teixeira Mendes, *Benjamin Constant*.

BIBLIOGRAFIA

PRINCIPAIS OBRAS DE AUGUSTO COMTE

APELO *aos conservadores*. Trad. Miguel Lemos, Rio de Janeiro, Apostolado Pozitivista do Brazil, 1899.

AUGUSTE *Comte, le prolétariat dans la sociéte moderne*. Paris, Les Archives Positivistes, 1946.

AUGUSTO Comte. (Inclui: *Catecismo positivista*, trad. Miguel Lemos; além do *Curso de filosofia positiva*, "Lições 1 e 2", "Discurso preliminar sobre o conjunto de positivismo", *Discurso sobre o espírito positivo*, traduzidos por J. A. Giannotti). São Paulo, 1973. (Col. Os pensadores.)

CATECISMO *positivista*. São Paulo, Martins Fontes, 1990.

COURS *de philosophie positive*; *Philosophie première*, Leçons 1 à 45. Apresentação e notas de Michel Serres, François Dagognet, Allan Sinaceur. Paris, Hermann, 1975.

COURS *de philosophie positive*; *Physique social*, Leçons 46 à 60. Apresentação e notas de Jean-Paul Enthoven. Paris, Hermann, 1975.

DISCURSO *sobre o espírito positivo*; 1844. Lisboa, Europa-América, 1997.

ÉCRITS *de jeunesse*; 1816-1828. Textos estabelecidos por Paulo B. Carneiro e Pierre Arnaud. Paris, Mouton, 1970.

OPÚSCULOS *de filosofia social*; 1819-1828. Trad. Ivan Lins e J. F. de Souza. Porto Alegre/São Paulo, Globo/Editora da Universidade de São Paulo, 1972.

SYNTHÈSE *subjective ou Système universel des conceptions propres à l'état normal de l'humanité*. Tome 1: Le système de logique positive ou Traité de philosophie mathématique. Paris, Victor Dalmont, 1856 (Obra inacabada.)

SYSTÈME *de politique positive ou Traité de sociologie instituant la religion de l'humanité* (1851-1853). Paris, Carilian-Goeury et Victor Dalmont, 1853. 4 v.

TESTAMENT *d'Auguste Comte (avec les documents qui s'y rapportent; pièces justificatives, prières quotidiennes, confessions annuelles; correspondance avec Mme. Clotilde de Vaux)*; publié par ses exécuteurs testamentaires conformément ses dernières volontés, 2. ed. Paris, Fonds Typographique de l'Exécution Testamentaire d'Auguste Comte, 1896.

TRAITÉ *philosophique d'astronomie populaire*. Paris, Carilian-Goeury et Victor Dalmont, 1844.

CORRESPONDÊNCIA

CORRESPONDANCE *général et confessions*. Textos estabelecidos e apresentados por Paulo E. Berrêdo Carneiro, Pierre Arnaud, Paul Arbousse-Bastide e Angèle Kremer-Marietti. Paris, Ecole des Hautes Études en Sciences Sociales/Vrin/Mouton. Coll. Archives Positivistes. 8 v. (publicados de 1973 a 1990).

LETTRES *d'Auguste Comte à John Stuart Mill* (1841-1846). Paris, Ernest Leroux, 1877.

LETTRES *d'Auguste Comte à M. Valat* (1814-1844). Paris, Dunod, 1870.

LETTRES *inédites de John Stuart Mill à Auguste Comte avec les réponses de Comte*. Textes établies par Lévy-Bruhl. Paris, Félix Alcan, 1899.

OBRAS SOBRE AUGUSTO COMTE

EM PORTUGUÊS

Benoit, Lelita O. *Sociologia comteana:* gênese e devir. São Paulo, Discurso editorial/Fapesp, 1999.

————. A soberania política da vontade geral como 'ilusão metafísica' (Comte, leitor de Rousseau). In: revista *Páginas de filosofia*, Editora da Umep, n. 1, Ano I, 2005.

————. A unidade (dilacerada) da razão positiva de Auguste Comte. São Paulo, 1991. Dissertação de mestrado, USP.

BRUNI, José Carlos: Poder e ordem social na obra de Auguste Comte. São Paulo, 1989. Tese de doutorado, USP.

CRUZ COSTA, J. *Augusto Comte e as origens do positivismo*. 2. ed. São Paulo, Nacional, 1959.

MARCUSE, A filosofia positiva da sociedade: Augusto Comte. In: Razão e revolução, 3. ed. Rio de Janeiro, Paz e Terra, 1978. p. 309-326.

EM OUTRAS LÍNGUAS

ARBOUSSE-BASTIDE, Paul. *La doctrine de l'éducation universelle dans la philosophie d'Auguste Comte*. Paris, PUF, 1957, 2 v.

DUMAS, G. *Psychologie des deux messies positivistes: Saint-Simon et Auguste Comte*. Paris, Alcan, 1905.

GOUHIER, Henri. *La jeunesse d'Auguste Comte et la formation du positivisme*. Paris, Vrin, 1933. 3 v.

———. *La vie d'Auguste Comte*. 2. ed. Paris, Vrin, 1965.

KREMER-MARIETTI, Angèle. *Le positivisme*. 2. ed. , Paris, PUF, 1993. Coll. Que sais-je?, 2034.

———. *L'anthropologie positiviste d'Auguste Comte*. Entre le signe et l'histoire. 2. ed. Paris, L'Harmattan, 1999.

LÉVY-BRUHL, Lucien. *La philosophie positive*. 2. ed. Paris, Félix Alcan, 1905.

MAUDUIT, R. *Auguste Comte et la science economique*. Paris, Félix Alcan, 1929.

PETIT, Annie (org.). *Auguste Comte. Trajectoires positivistes*, 1798-1998. Paris, L'Harmattan, 2003. Coll. Épistémologie et philosophie des sciences.

REVUE internacionale de philosophie. Paris, PUF, mars 2003. (número dedicado a Augusto Comte)

STUART MILL, J. *Auguste Comte and positivism*. Ann Harbor, University of Michigan Press, 1961.

SOBRE O POSITIVISMO NO BRASIL E NA AMÉRICA LATINA*

ARANTES, P.E. Positivismo no Brasil: breve apresentação do problema para um leitor europeu. In: *Novos estudos Cebrap*. São Paulo, Centro Brasileiro de Análise e Planejamento, v. 21, p. 185-94, jun., 1998.

BENOIT, L. O. Progresso dentro da Ordem: a filosofia positivista no Brasil do século XIX. In: *História viva. Grandes Temas*. Edição especial temática n. 9, Duetto, Brasil/Portugal, 2005, p. 46-53.

---

* Essas obras fazem parte do acervo da Universidade de São Paulo.

CARPEAUX, O. M. Notas sobre o destino do positivismo. In: *Rumo*. Rio de Janeiro, 1943, v. I, ano 1.

CRUZ COSTA, J. *Contribuição à história das idéias no Brasil*. Rio de Janeiro, Civilização Brasileira, 1967.

―――. *O positivismo na República*. São Paulo, Nacional, 1956.

―――. *Panorama da história da filosofia no Brasil*. São Paulo, Cultrix, 1960.

LEMOS, M. *O apostolado pozitivista no Brazil*: Circulares anuais de 1881 a1883, 1885 a 1890, 1892. Rio de Janeiro.

LINS, Ivan. *História do positivismo no Brasil*. São Paulo, Nacional, 1967.

SOLER, Ricaurte. *El positivismo argentino; pensamiento filosófico y sociológico*. Panamá, Impr. Nacional, 1959.

ZÉA, L. *El positivismo en México*. México, Colégio de México, 1943.